人脈なんてクソだ。

変化の時代の生存戦略

三浦崇宏
The Breakthrough Company GO代表
PR/クリエイティブディレクター

ダイヤモンド社

人脈なんてクソだ。

変化の時代の生存戦略

三浦崇宏

いつだって悲観は気分、楽観は意志だ。
さざ波を無風ととるか、変化の予兆ととるか。
砂漠に木を植えるのは無駄な努力か、
それとも世界を変える一歩か。

人類の歴史ではじめて月に人を送り届けた
20代の若者たちは怯えていたのか、それともワクワクしたのか。

革命は辺境から起こる。
常識は覆されるのを待っている。
未来のルールを決めるのは、現在を生きている誰かだ。

つまり？

日本は非成長社会と言われる、
だが。
いや、だからこそ、
企業や社会の変化に対する
期待は高まっている。

変化するべきか、挑戦するべきか、
前に進むべきか。

我々は常に意志をもって、こう言い続ける。

「行こう、その先へ」

はじめに

いいから行けよ!!

変化する者だけが生き残る

こんにちは。ぼくはThe Breakthrough Company GO《ゴー》の代表で、PR/Creative Directorの三《み》浦《うら》崇《たか》宏《ひろ》。１９８３年生まれ、身長１６６cm、体重１０６kg、血液型O型の乙女座。もともとはドSと言われていたが、経営者になってからはドMになった。最近は紐のないタイプのイケてるスニーカーを探している。

ＧＯは２０１７年1月、博報堂出身のぼくと電通出身の福本龍馬が立ち上げた。安定・安泰と言われる超大手の広告代理店をうかつにもしれっと辞めての新会社設立。

ＧＯはまだ若く、メンバーも30人程度の会社だが、世界的ラッパーであるケンドリック・ラマーの来日広告や人気漫画『キングダム』をビジネス書として打ち出すようなニュースになる広告を手がけたり、ＮＴＴコミュニケーションズ、ＬＩＮＥ、ＪＩＮＳ、朝日新聞社といった、日本を代表する企業と一緒にプロジェクトを進めている。

この本は、大きく変化する時代の渦中で、ビジネスパーソン各位も考え方や働き方を変えていこうよ——というぼくなりの提案書だ。

GOが手掛けた朝日新聞社とJINSのコラボ広告

日本企業の終身雇用神話はとっくに崩れた。政府主導の「働き方改革」が進む中、多くの会社では労働時間を減らす動きが見られている。あるいは、AIの一般化が進むことで世の中のほとんどの単純労働がなくなる可能性だってある。

かつて国内で隆盛を極めていたテレビ・出版・広告といったマスコミ業界や、家電業界は、ここ20年で斜陽産業化しているし、アメリカでは「GAFA《ガーファ》」と呼ばれる超大手IT企業【Google, Amazon.com, Facebook, Apple】が覇権を握り、中国ではBAT《バット》【バイドゥ、アリババ、テンセント】といったITの雄たちが躍進を続ける。間に挟まれた日本が、その激動と無関係・無関心を決め込むことは、もはや無理な話。

スマホとSNSの登場は人々のコミュニケーシ

ョンを劇的に変化させた。一度も会ったことがない人間と意義深いディスカッションを交わせる一方、失言一発で社会的信用を瞬時に失うこともある。昨日まで無名だった女子大生が一夜で脚光を浴びることもあれば、大企業の偉いおじさんが突然#MeToo告発されて奈落に突き落とされることも、また然り。

こんな時代だ。「変わろう」と考えたことのない会社や人はほとんどいないはずだ。それにもかかわらず、「今はまだ儲かっているから」「どうしたらいいか、ぶっちゃけよくわからないから」「動くのが面倒くさいから」といった理由で変わらない会社や人は、あまりにも多い。歯がゆい、本当に。

だからあらゆる角度で彼らをお手伝いして、時にはケツを蹴っ飛ばしたりしながら、全力で変化を応援するための会社をつくった。それがGOだ。

「生き残るのは強い者ではなく、変化し続けた者だ」

いつか誰かが言ったそうだ。ぼくたちはまだ、そこまで確信を持ってはそうは言えない。ぼくら自身が、生き残るべく必死に変化し続けている状況だから。

だけど、これだけは確信を持って言える。

「変化し続ける生き方は、とてつもなく楽しい！」

ＧＯという会社名は、博報堂にいたときのぼくの口癖に由来している。当時、部下や後輩から、仕事やプライベートのことについて相談されることが多々あった。

「今回の企画、このまま進めると予算オーバーかもしれません」

「今夜の会食、焼肉でいいですか？　４日連続ですけど」

「会社の先輩を好きになってしまいました。彼氏がいるみたいなんですけど……」

思慮深くもなければ、人生経験が豊富でもないぼくは、97％くらいの確率でこんな感じで答えるしかなかったんだよな。

「いいから行けよ（ＧＯ）!!」

なぜ博報堂を辞めたのか

ＧＯを設立するため、新卒から10年勤めた博報堂を辞めた。

博報堂は電通に続く、国内第２位の広告代理店。歴史、規模、手がけているプロジェクトのサイズや数、どれをとっても申し分のない、素晴らしい会社だった。だけど、なぜ辞めてしまったのか？　理由は大きく3つある。

ひとつめは、銀行員とコンサルタントへの嫉妬だ。

広告代理店のクリエイターの仕事の本質は、クライアントの事業価値を理解し、それを言葉やデザインや映像を駆使して生活者が求める形に翻訳し、多くの人に伝えていくこと。ぼくはその仕事に誇りを持って、文字通り寝る間を惜しんで必死に仕事をしていた。来る日も、来る日も。当時はブラック企業という概念がまだ日本になかったんだ。

ところが、ぼくらがクライアントから受け取る宣伝予算は、クライアントがその事業につけている全体予算の、たかだか2割程度。じゃあ残りの8割は？　クライアント企業の経営者と向き合う銀行員とコンサルタントが握っているわけだ。

ぼくの名刺には「クリエイター」なんてカッコつけた肩書きが刷られてはいたが、自分はどこまでいっても「2割」の専門家でしかない。「2割」のカネしか動かせない。それが悔しくて、事業そのものにコミットする仕事をしたい、そしてクリエイターにはそれができるという確信もあったのだ。

2つめ、新しい発想の人たちと未来を作りたかったから。

大手の広告代理店では大きなクライアントを任せてもらえたりもして、それはそれで誇らしくもあった。ただ、大企業の基本姿勢として「今日10億円くれる人たち」を大事にする。社内の人員も割く。逆に、「10年後に100億円くれるかもしれない人たち」には人員を割いてくれない。割けるわけがない。

仮に、「ものすごく面白いけど前例のないアイデアを持っているクライアント」と新規事業を一緒にやりたいと上司に提案しても、「じゃあ部署を作るよ。4年待って」と言われてしまう（実話）。

ぼくは、アメリカの老舗自動車会社のゼネラル・モーターズに対して、電気自動車で殴り込みをかけているテスラのように、社会から期待される新しい企業と高速で変化し続ける仕事がしたかった。一緒に未来を作っていきたかった。それは大手広告代理店にいては実現できないと確信してしまった。

3つめ、クリエイティビティの力を証明したかったから。

若い頃、代理店の下っ端クリエイターの一人として、とある商品のCMを担当した。商品は全然売れなかったにもかかわらず、クライアントの宣伝担当の方はこう言ってくれたんだ。

「皆さんのせいではありません。面白いCMができて良かったです」

正直、すごくバカにされていると感じた。もっと一緒に悔しがったり、悲しんだり、喜んだりしたかった。クライアントの成功に最初から最後まで責任を持ちたかった。そんなぼくらの思いとはウラハラにクライアントは、ぼくらのことを「仲間」ではなく、単に「面白いCMを作るだけの業者」と考えていることがショックだった。

悔しさに輪をかけたのは会社の先輩だった。CMを褒められたことで素直に喜んでいた。もちろん広告代理店のビジネススキームとしては、CMを受注して売上が立ち、かつクライアントが怒っていないなら、それで御の字かもしれない。

だけどぼくは、真剣に商品を売るつもりだった。なんだか面白いCMを作りたいな、なんて思ったわけではない。クリエイティブの力で「結果にコミット」したかった。

GOが「ブレイクスルーカンパニー」と名乗っているのは、こんな悔しさからはじまっているからだ。あるクライアントにとって、一般の広告代理店は課題解決のプロだが、GOは事業成長のパートナーになる。立ち位置が、目指す場所がそもそも違う。

作るのはCMだけじゃない。その事業を進めるのに最適な組織を作ったり、事業展開のアイデアを出したり、会社の名前や人事制度を考えたりもする。

なぜそこまでするのか？　彼らは社会の変化を察知して「変わりたい、変わらなければ」という想いを胸に、ぼくらGOの門を叩いてくれるからだ。

ぼくらは全力でそれに応えたい。「いいから行けよ!!」といういつもの口癖を、500万倍くらい丁寧に、大声で叫び続けたい。


GOのクライアントに対するスタンスと、ぼくがこの本を通して皆さんに伝えたいことの根っこは、だいたい同じだ。変化の本質を把握し、凝り固まった旧来の発想にとらわれず、躊躇《ちゅうちょ》なく自分を変える。そのための知識と心構えと、ちょっとした工夫を書いた。

昨日決まったビジネスのルールが、今日はがらっと変わっている。何十年も盤石だった大企業が、ついこのあいだ起業したスタートアップにコテンパンにやられる。そんな激動の(でもクソ面白い)時代に生き残るのは、簡単なことではない。

だけど、もう一度言っておこう。

生き残るのは強い者ではなく、変化し続けた者だ。


さあ、行こう。君が今いる場所の、その先へ。

人脈なんてクソだ。　目次

第1章　「大航海時代」の到来だ！

三浦崇宏ツイート名言集 1 仕事人の魂・編

第2章 日本の7割よりも世界の2割を狙え！

第3章

イチローに素振りやめろって言うやつがいるかよ

三浦崇宏ツイート名言集 2 仕事Tips・編

■ GOは現代の『蟹工船』!? 084
■「働き方改革」なんてクソだ 086
■ホワイト企業ではなく「カラフル企業」を目指そう 088
■「逃げるなら、前に逃げろ」 090
■意思決定は早ければ早いほどいい 092
■1億総マルチタスク化の時代 095
■天才を雇用する鍵は「思想」と「環境」 098
■令和時代の起業家はアーティスト 101
■かつて学者がやっていたことを、今は起業家がやっている 104

三浦崇宏
ツイート名言集

3 起業家／経営者／リーダー論・編

第4章

「人脈」なんて言葉を使ってるやつはクソだ

第5章

大海に漕ぎ出すためのトレーニング

三浦崇宏ツイート名言集 5 おれを作ったもの・編

おわりに　LIFE IS CONTENTS!

どーも！GOの三浦っス

第 1 章

「大航海時代」の到来だ！

ジャイアントキリングの時代に

「〝力〟に屈したら男に生まれた意味がねェだろう」

ぼくの大好きな漫画『ONE PIECE』のエースの言葉だ。これが男に限るかどうかは別として、激動の時代にサバイブしたいと思う人は皆、共感するだろう。

「ジャイアントキリング（番狂わせ）」。ある特定のプレイヤーが圧倒的な覇権を握っている市場に、後発のプレイヤーが切り込み、その牙城を揺るがし、最後には逆転する。かつてビール業界の覇者・キリンビールにアサヒビールが「スーパードライ」で立ち向かい、シェアを塗り替えたように。製作費約300万円・無名監督と無名役者が作り上げた映画『カメラを止めるな！』が、並み居るヒット作を押しのけて大ヒットを飛ばしたように。

物語みたいな出来事が起こりやすくなっている。今はそんな時代だ。

広告業界の話で言うと、数年前までは、何か大きな社会の動きがあると、商品やサービス、ブランドがそこに乗っかり、文脈を作っていくのがPRの基本技術だった。

たとえば〝イケメン〟という言葉の波に乗っかり、オーナーを「イケダン」と名付けたクルマがけっこう売れた（2011年）。

あるいは、「チーム・マイナス6％（2008～2012年の間に温室効果ガスの排出量を1990年に比べて6％削減することを目標とする、政府主導のプロジェクト）」や低炭素社会といった環境問題のムーブメントに着想を得て、ボトルの環境負荷が少ないことをアピールしたミネラルウォーター「い・ろ・は・す」が市場を席巻した。

「時代の大きな流れに合う文脈を作って、市場を取りにいく」

このPR技術は、ネットニュースが生活者の情報流通に大きな役割を果たしていた時代に加速した。

社会的に大きな現象が起きると、「Yahoo!」をはじめとする大手のポータルニュースサイト、すなわち「ネットにおけるマスメディア」が報道し、記事にする。するとそのトップ記事の下には関連するニュース記事が必ずぶらさがって貼り付けられる。そのニュースに紐づく小ネタや、その現象をより深く理解するための補足記事もピックアップされる。

同じように、社会において重要な出来事が起きると、商品やサービスやブランドも、あたかもその流れに関連ある事象のように文脈を作っていく。こうすることでトップニュースにならなくても、関連ニュースに拾われることで多くの人の目につき、関心を持ってもらいやすく仕向ける。ある種、コバンザメ的に。

ただ、これも2010年代半ばくらいまでの話。

2010年代後半からは、生活者にとっての情報流通のメインパスは「ネットにおけるマスメディア」から、SNSとキュレーションメディアにシフトしてきた。前者はTwitterやInstagramやFacebook、後者はNewsPicks（ニューズピックス）、SmartNews（スマートニュース）、NAVERまとめなど。

特にSNSにおいては、大層な肩書きを持っている一流企業のおじさんによる偉そうな投稿より、地方の名もなき高校生のちょっとしたつぶやきや写真ネタ投稿のほうが広範囲に拡散されることが、よく起こる。猫に勝てるクリエイターはまずいない。情報をシェア（＝共有）した人の社会的権威や重要性は、受け手がその情報を選択するかどうかの基準にはなりえない。

なぜって？　ニュースが広範囲にシェアされるトリガーは、発信者のステータスではなく、一人ひとりの生活者の感性・共感だから。

さらに、SNSのタイムラインでは常に、「このニュースをシェアするおれってどうよ？」というドヤりの気持ちが顕在化されて並ぶ。当たり前のこと・誰もが知っていることは、どれだけ大事なニュースであってもシェアされない。それを報道するのは既存のメディア（マスメディア）の役割であって、多くの生活者は、べつにいちいちシェアするような価値はないと考えている。

今は、既存のメディアよりもＳＮＳでつながっている生活者たちの集合拡散力のほうがはるかに大きい時代だ。

今の企業に足りないのは「勇気」

古来、日本人は「判《はん》官《がん》贔《びい》屓《き》」とか「柔よく剛を制す」といった言葉に代表されるように、弱いものが強いものをひっくり返す構造や物語を好んできた。

たとえば、小さな町工場のおじいちゃんが開発した水平開き®ノートが、お孫さんのTwitterで拡散され、結果、バカ売れした。

ＳＮＳ以前の、ポータルニュースサイトが情報の主軸だった時代には、おそらく積極的に報道されなかった無名の個人のつぶやきが、無数の人々の共感により、シェアの連鎖を生み、大きな成果を生み出すことがある。

こういった現象から考えると、ＳＮＳ全盛の時代において、社会という大きなものを動かすテコの役割を果たすのは「勇気」だ。これは精神論や根性論ではない。

ある講演会で「今の企業に足りないものはなんですか？」と質問されたことがある。端的に「勇気」だと答えた。社会は変化し続けているから、どんな打ち手も確証なんてない。確率論なんておまじないみたいなもんだ。そんな中で、企業も個人も、「リスクはあっても意志を持って前に出るやつ」だけが結果、生き残るはずだ。

生活者は多くの情報にさらされる中で、どんどん賢くなっている。圧倒的に強大な敵に立ち向かう姿勢や、絶望的な状況をなんとかして覆そうとする意志を見分けることができるようになっている。だからこそ、勇気ある行動や発言が生活者の共感を生み、大きなうねりのきっかけになる。そんな状況がＳＮＳによって生まれ始めている。

これがＳＮＳ時代の共感を味方にして大逆転を起こす「ジャイアントキリング戦略」。

たとえば、ジャニーズ事務所を辞めてネットテレビに登場するとか。

たとえば、携帯電話からボタンをなくしてしまおうとか。

たとえば、世界的な高級ブランドがストリートブランドとコラボしてしまうとか。

いずれも結果だけ見れば、大ヒット。たいへん優れたアイデアだが、始まりは誰かたった一人の勇気ある提案だったはず。きっと反対意見も死ぬほど多かったことだろうよ。

ブランドや企業、もっと言えば現場の一人ひとりが勇気を持ってチャレンジしていることを、SNSやメディアを通じて発信し、ファンやユーザーが察知する。そして支持を表明する。共感がファンの輪を超えて、世間に広がっていく。チャレンジすること自体が、結果、大きなビジネスの成果につながっていく。

リスクを取ってチャレンジする人間にとっては、実にいい時代になった。勇気のあるやつが、ちゃんと報われるんだ。

明日、ネットでバズりまくって、誰もが巻き込まれる社会のうねりが起きるとする。その始まりは、あなたがドキドキしながら発信した、たった一言のつぶやきかもしれない。そんな時代がもうやってきている。

仕事に、いや、人生に一番必要なアイテムは、勇気だ。そんなことを、ぼくもまた勇気を持って断言しようと思う。

「数字の経営」ではなく「言葉の経営」を

クリエイティブディレクターという仕事柄、今の時代に相応しい「企業のあり方」について、ずっと考え続けている。

最初に言っておきたいのが、今の企業はユーザーを増やすよりも、ユーザーの幸福を増やすやり方を考えるべきだということ。

なぜ「数」を追い求めてはいけないのか。もう日本は人口が増えない。それどころか、どんどん減っていっている。そんな中で企業同士がユーザーの取り合いをしたって、成長するわけがない。シェア争いに血眼になるやり方は、もう古い。

「ユーザー数」を前年比110％にするのも別にいいけれど、それよりは「ユーザー一人ひとりの幸福」を前年比110％にする努力が、結果としてサービスの価値を高める時代になっている。そういうサービスにユーザーは集まる。結果、一人ひとりが前年より110％お金を払うなら、それも立派な成長だ。

もっと言うと、ユーザーの満足度を上げるだけでなく、そのサービスを作っている社員のモチベーションも上げないと、企業の成長はありえない。

ぼくはこれを、「数字の経営」と「言葉の経営」という比較でよく説明する。

「数字の経営」は、ある会社の売上が今期10億円だったとして、じゃあ来期は110%、11億円を目指そうというもの。

でも、果たして社員たちは、そのためにがんばる気になれるだろうか？　経営者や株主ならそれでもいいけど、一般の社員にしてみれば、「それで10%給料が上がるの？」となる。上がらないのなら、なんでがんばらなきゃいけないいんだっけ？　となる。

対して「言葉の経営」は、たとえばディズニーランドであれば、「お客様満足度が今まで4だったのを5にしましょう」と言うのではなく、「ディズニーランドを単なるテーマパークを超えた、本物の夢と魔法の王国にしましょう」とするイメージだ。そこにあるのは具体的な理想の姿だ。理想があるから現実を変えようと思える。

あるいは、売上を追求するあまり、過労やストレスがたたって長期休職する人が増えている会社があったとする。だったら、月の労働時間を300時間以下にすると簡単に宣言するよりも、「隣の席に座ってたけど、メンタルをやられて休職中の同僚の笑顔を取り戻そう」。そういう言い方が人を本当に動かす。

「500km先」ではなく「京都に行きたい」

昭和や平成の時代は簡単だった。企業が量的・数字的に成長することで、社員は十分幸福になれたからだ。売上10億円の企業が売上30億円になったら、当然社員も3倍幸福になる。そういう企業が日本中にあれば、連動して日本社会全体も豊かになっていった。

ところが、日本社会はもう豊かになりきっている。高度経済成長期以前の昭和的な意味で〝生活に困っている〟人は、もうほとんどいない。相当のことじゃない限り餓死したりはしない。もちろん、正確に言えば貧困は依然としてあるのだけど、それが表面化しない社会になっている。

では国民の大半を占める〝生活に困っていない〟人たちに対して、何をもって幸福を提供できるのか？　それは「行動の意味」でしかない。

ぼくたちは、「自分たちが働いていることによって、社会をどう幸福にしているのか？」をちゃんと定義・自覚しないと、働いても幸福にはなれない時代を生きている。

昭和の時代は「500km先に行こうぜ！」と会社が煽ったら、皆が「500km先」という言葉自体にロマンや意味を見出せた。５００km先には何があるんだろうと、ワクワクできた無邪気な時代だった。

しかし今は「５００km先に行こうぜ！」だけでは、誰もワクワクしない。「は？　なんでそんなことしないといけないんですか？」と言われる。量的指標である距離だけを提示して「すごそうだよ！」と掲げても、誰も乗ってくれないし、燃えない。

企業が言わなければいけないのは、５００kmという数字ではなく、具体的な目的地だ。我々は、どこへ行きたいのか。

東京から西へ５００km先は、京都だ。「京都へ行こう」だったら、具体的なイメージが湧いてくる。おいしい食べものも、歴史的な遺産や文化財も、たくさんある。京都滞在のイメージがムクムク湧いてくる。

すると、そのためにどうすればいいか、行動に移せる。新幹線のチケットを買い、宿を手配する。しかも、そのプロセスでちゃんと議論ができる。一番早く行けるのは新幹線なのか、飛行機なのか。安くあげるなら深夜バスだ。駅前の宿ならアクセスはいいが風情がない。風情重視だと交通の便が悪い、さてどうする？

そもそも「京都なんか興味がない、おれは北海道に行きたいんだ」という人は、もうそこで来る必要はない。北海道を目指す乗り物に乗ればいい。そうなれば、会社と社員の不幸なミスマッチもなくなるだろう。
すべての会社は、自分たちの目的地を、自分たちの言葉で示すべきだ。

令和は「思想と個人の時代」

「昭和は規模と国家の時代、平成は機能と企業の時代、令和は思想と個人の時代」になる。ぼくなりにそんなふうに考えている。

昭和は「国家」が主語だった。

国家の支援のもとに、会社規模、事業規模を拡大すればするほど、みんなが幸せになれた。何をやるかが大事ではなく、規模こそが結果的に国民の幸福につながる。そういう時代だったのだ。

平成の主語は「企業」だった。

その企業は一体何ができるのか。どんなことを実現させられるのか。企業がその機能で差別化され、ブランドを帯び、それを背負うのが個人だった。日本人であることよりも、Googleの社員であることのほうが誇りである、みたいな人が結構いたはず。

そして、令和の主語は「個人」だ。

たとえば、ある人が「ぼくは一生をかけて、捨てられたイヌとネコを救いたい」と思ったとしよう。彼が取る行動は、まずイヌとネコを救っている企業を渡り歩くこと。手始めに動物を保護するセンターで働きはじめる。しかしそれだけではまだまだ足りないと気づき、ペットの売り方から改革すべくペットショップを運営する会社の事業部長になる。でも、やっぱりそれだけじゃダメだからと広告代理店に入り、コピーライターの技術を学ぶ。やがて彼は独立して、イヌとネコを救うキャンペーンの仕事をバンバン受け、世界中の人の意識を変えていく――。

こんなふうに、「思想」に準じて個人が仕事や生き方を選び、そのことが彼や社会の幸福に寄与する時代だ。個人の思想が形をもてば、企業はその思想を形にするためのウツワでしかない。

ぼくは常々、「HOWは状況によっていくらでも変えたっていいけど、WHYは絶対に変えるべきじゃない」と言っている。「WHY」とは、「なぜ、なんのために自分が存在しているのか」。WHYとはすなわち、自分が起こしたい社会変化のことと言ってもいい。

それさえ決まれば、あとはやり方なんてなんだっていい。会社に所属しようが、起業しようが。「一生をかけて、捨てられたイヌとネコを救いたい」という思想さえぶれなければば、方法は問わなくてもいい。

思想が大事。そのことは、物事が「スペック」では差別化できなくなっていることと大きく関係している。

たとえば、日本中の冷蔵庫メーカーがＡＩにより効率化を突き詰め、最高の冷蔵庫を作ったらどうなるか？　たぶん機能的には全部似たものになるだろう。どれを買ってもほぼ一緒、同じ性能だ。

冷蔵庫だけではない。スマホにしろテレビにしろクルマにしろ、どのメーカーも先端技術を取り入れて商品を作っていて、技術的にはほぼ横一線。少なくとも消費者レベルでその違いは誤差範囲だ。目をつぶってどれを買っても大差はない。

そういう状況下で人は、「最高のもの」よりも「好きなもの」を欲する。だからこそ鋳物ホーロー鍋の「バーミキュラ」みたいな、作り手個人の趣味が全開になった〝突然変異〟が売れたりする。

今はどんな企業もあらゆる技術を安価に導入でき、大量生産体制も整えている。そんな成熟しきった時代には、個人の思想、美意識、理想みたいなものの価値が、改めて見直される。むしろ、そういうこと以外には大きなお金を払わない時代だと言い切っていい。スペックだけでは生き残れない時代だ。

企業価値の基準も変わった

あらためて、企業の価値を測る指標がここ数年で「何から何に変化したか」を軸に整理してみよう。

①「売上規模」から「社会的影響力」へ
②「社員数」から「関係人口」へ
③「問題解決力」から「課題設定力」へ
④「競合優位性」から「変化の可能性」へ

ひとつめは、「売上規模」から「社会的影響力」への変化だ。

手前味噌で恐縮だが、最近よく就活生に「広告代理店で働きたいんですけど、電通と博報堂とGOと、あともう何社かを検討しています」と言われるようになった。電博に比べれば、GOなんてまったく規模が小さくて、売上規模で言ったらお話にならない（中で働いてるやつらは負けてないけど）。

にもかかわらず、GOに行きたいと思ってくれるということは、売上規模よりも、「社会に対してどういう影響を与えているか」に価値があると考える人が一定数いる、ということ。実際、GOは社会に対して前向きな影響を与える仕事しかやらない。

言い換えるなら、100億円売り上げる企業よりも、10億円分社会に良い変化を起こす企業で働きたい人が増えている、ということだ。

2つめは、「社員数」から「関係人口」への変化だ。

今は、特定の思想や社会課題に対応して、経済圏が無限に広がっていく状況がある。たとえば、あるクライアントに対してGOが広告を作ったとすると、そのクライアントが作った商品やサービスをGOが業務上使うことになる。なぜならGOは、そのクライアントの思想や社会的目的に共鳴し、かつ、その商品やサービスを好きになっているから。

クライアント側からすればGOは単なる受注業者ではない。ユーザーでもあり、思想を同じくする同志でもある。一緒に仕事をしたことで互いをよく知ることになり、もし満足いく結果を得られたのだとしたら、また機会があれば次も一緒に仕事をしたいと思ってくれるかもしれない。

ＧＯはクライアントに、クライアントはＧＯに対して、「この会社を好きだな」「この会社と仕事したいな」と思うようになる。そういう関係性の会社を外部にどんどん増やす。それこそが、変化し続ける社会の中においては、すごく重要な意味を持っている。

昔は、組織の中で会社が食わせている人、あるいは会社のために働いている人の人数が大事だった。しかし人をたくさん抱え込めば抱え込むほど、業績が悪くなったときには最優先で「売上」「利益」を重視することになり、当初の思想が歪み、志が途切れる。それすらうまくいかなければ、最悪給料が払えなくなって、詰む。

だけど、もし会社外との関係人口が多ければ、そのうちの誰かが「なんかＧＯさん、今大変そうだから、助けてあげようかな」と言ってくれるかもしれない。これがセーフティネットになる。

大量の社員を抱え込むよりも、あらゆる外部に可能性を開いて、自分の会社に関係する人を増やしていく。それこそが、未来がどうなるかわからない今の時代の得策なのだ。

「答えを出す」のではなく「問いを立てる」

3つめは、「問題解決力」から「課題設定力」への変化だ。

実は今の日本では社会のあらゆる「問題」はほぼ解決済み、の状況で、答え自体はとっくに飽和している。

たとえば水。昔は水道水がまずかったので、おいしい水を飲むのは一苦労だった。ところが今では蛇口をひねれば、どこでも美味しくてきれいな水が飲める。誰も水に困っていない。

食事や服に贅沢なこだわりがなければ、セブン-イレブンとユニクロに行きさえすれば、安くてちゃんとしたものが過不足なく手に入る。なんて便利なんだ。今の日本で普通に生活している分には、困ることなんてない。だいたい答えは出ている。解決されてしまった。

つまり、「問題解決力」は今の日本で圧倒的に必要な能力ではない。

それに対して「課題設定力」というのは、当人が気づいていない、言語化されていないことについて、「これ、困ってない？」と言ってあげることだ。

たとえば女性の生理。1ヶ月のうち約1週間が生理だとすると、女性は1年の4分の1近くを万全の体調ではない状態で働いている。これってすごく大変なことだけど、今までなんとなく当たり前みたいな感じでやってきた。

でも、誰かが「これって問題じゃないですか？」と言い出せば、「あ、私もそう思う」の輪が広がり、ムーブメントが起きて、社会が変わるきっかけになる。職場でパンプスを履くのが当たり前になっている状況に反対する狼煙《のろし》が上がったのも、社会に新たな課題が設定された証拠だ。

満員電車の問題もある。みんな我慢して何十年も乗り続けるけど、あれがさほど問題視されていないって、まあまあヤバいですよ、この国は。

要は「もっと良くできるよね」という視点や意見を持つこと。世の中はもっと便利にできるだろうし、もっとストレスを減らせるだろうし。……ということをちゃんと提案する力。それが課題設定力。

既存の問題の答えは溢れているけど、課題設定自体が不足しているのが今の社会。だからこそ、それができる企業やビジネスパーソンは価値があるし、重宝されるし、生き残る。

それは会社規模にかかわらない。だからこそ、電博という巨人に対して、GOが転職先候補として同じ俎上《そじょう》に載せられるのだ。

スタートアップの起業家が注目されやすいのは、彼らが「答えを出す」のではなく「問いを立てている」から。

2012年に設立されたFiNC Technologies（フィンクテクノロジーズ）という健康アプリの会社は、「みんな、もっとスマホで健康管理をしたほうがいいんじゃないか？」という問いを立てた。

同じく2012年に設立された「OKAN（おかん）」という会社は、「ワーク・ライフ・バランスなんておかしくない？　ワーク・ライフ・バリューこそが大事だ」と唱えて、ただ一様に就業時間を減らす風潮に疑問を呈した。

スタートアップだけではない。服なんてユニクロでも良くね？　という時代に、ルイ・ヴィトンは黒人のヴァージル・アブローをメンズ アーティスティックディレクターに招き、多様性を背負っていくブランドだということを宣言した。ハイブランドが黒人をデザイナーのトップに起用するのは史上初。そのアクションに対し、お金に余裕があって、なおかつ世の中に多様性を広めていきたいと思う人は、きっとルイ・ヴィトンの服を買うようになるだろう。これもひとつの問題提起だ。

大きな問いを立てると、そこに市場が生まれる。「環境に優しいほうがいいのではないか？」と問えば、各社がクールビズのアイテムをラインナップするし、家電メーカーは省エネを追求したエアコンを開発する。テレビ局や映画業界は「環境がヤバいよ」という内容の番組や映画をこぞって製作するようになる。

そして、最初に問いを立てた人は、リーダーになれる。リーダーとは上に立つ人間のことではない。誰よりも先に課題に立ち向かう、前に立つ人間のことを言うのだ。

サッカーをやっていたら、ある日突然ラグビーになる時代

4つめが、「競合優位性」から「変化の可能性」への変化だ。

競合優位性というのは、同業他社間での強さだ。たとえるなら、サッカーという競技の世界でサッカーがめちゃめちゃうまいやつは、競合優位性が高い。スーパースターになれる。

ところが、毎日毎日必死になってサッカーの練習ばかりしてきたのに、ある日突然ルー

ルがラグビーになってしまったら？　ボールも変わる。グラウンドも変わる。サッカーのルールとプレーが染みついてスタイルを変えられない選手は、うまくプレーできなくてベンチに下げられる。そんな恐ろしい事態が余裕で起こるのが、今の時代だ。

最近ではストローがそうだった。スターバックスやマクドナルドは先ごろ、環境保全を目的にプラスチック製ストローの使用をやめると発表。それに追随する企業も増えつつあり、これが世界的気運となっている。

困ったのが、ストロー業界。安くて品質のいいストローを長年作り続けてきた会社にしてみれば、こんな理不尽はない。まさかストローの市場が一気になくなるなんて……。環境保全、うん、わかるけど、いや……わかるけどさあ、目の前にいるうちの会社の社員のこと考えてくれよ！

かつて楽天が社内の公用語を英語にしたときも、同じような衝撃が社内に走った。一流大学の国文学部卒、ずっと本ばかり読んできて英語なんてどうでもいいと思っていた楽天社員は、一体どうすればいいのか？

そこで大事になってくるのが「変化の可能性」というわけだ。組織は、社会がいつ劇的に変わるかわからない状況下で、なるべく柔軟に変更できる状態でなければならない。その鍵は何かというと、先ほど述べた「関係人口」、つまり内部だけではなく外部との関係性である。

プラスチックのストローを作っている会社が新規開拓を怠り、お得意先の飲食店としか契約していなかったら、ルール変更とともにジ・エンド。

でも、実はプラスチックを使っている製品なんて、ストロー以外もまだまだ山ほどある。もし玩具メーカーとつながりを持っていれば、プラスチック製のオモチャを受注できるかもしれない。テレビ局とつながっていれば、スタジオセットの素材として使われるかもしれない。あるいはプラスチックを諦めて、ストローの金型技術を別分野に活かせないかと試行錯誤してみる。生き残り方はあるはずだ。

リスクとは避けるものじゃない。マネジメントするもの。「変化の可能性」とはリスクを避ける能力ではなく、リスクが降ってきたときに対応できる足腰を整えておくことなのだ。

「いつか津波が来るかも」を想定する

変化に対応するには、どんな心構えでいればよいのか。

ひとつは、今述べたように、あらゆる外部にネットワークを張っておくこと。そしてもうひとつは、思考をフラットにしておくこと。

突然「ストロー、もういりません」と言われてパニックになる気持ちはわかる。ただ、悩んだり嘆いたりしている暇などない。ストロー使用中止を決めた飲食店に「なんとか考え直してください」と何度も土下座している暇があったら、他の会社に「プラスチック使いませんか?」「ストローの金型使いませんか?」と挨拶に行ったほうがいい。騒がず、焦らず、思考はフラットに。

「ストロー業界を守れ!」とデモをしても、残念ながら社会の趨勢《すうせい》には抗《あらが》えない。ストロー会社の方が気の毒なのは確かだが、いつの間にか〝社会正義〟は自分たちの側ではなくなっている。

あくまでたとえだが、我々は常に、どんな業界であっても、海岸沿いの土地に居を構えているという意識でいたほうがいい。いつ津波が襲って来るかわからない。それはかりは予測できない。何も悪いことをしていなくても、真面目にやっていても、災厄が来るときは、来る。

であれば、津波に抗おうとするのではなく、いざ津波が来たときに避難できるだけの足腰を常日頃から鍛え、水没して住めなくなったときのために移り住む「別の土地」のアタリを前もってつけておくべきなのだ。

ストロー業界はともかく、Googleのアルゴリズム調整で被害を被ったとか、Amazonのアフィリエイト料率変更やYouTubeの規約変更で収入が激減したとかに困惑するのは、どうかと思ってしまう。

人のフンドシでさんざん相撲を取っておいて、フンドシ返してと言われて大騒ぎ……というのは、まあまあな筋の話だよ。

たかだかできて20年やそこらの会社が、仕様変更されただけで文句を言うのは、ナンセンスだ。

社会のルールが劇的に変化する可能性を、常に自分の中で意識して持っておくこと。競合の間でトップだったとしても、明後日には別のレースの最後尾にいる可能性を常に想定する。その上で、いつでも変われる可能性を備えている会社こそ、今の時代に生き残れる強さがある。

コロンブスはなぜスペインに渡ったか

今まで説明したような社会の劇的な変化によって、自分が身を置いている業界を「沈みゆく船」だと悲観する人もいるかもしれない。だけど、視野が広い人は、この劇的に変化しつつある時代を「大航海時代」と捉える。

この時代の変化をキツイと捉えるか、面白いと捉えるかは、一人ひとりの感性次第。ただ、大航海時代は世界史上もっとも様々な科学技術・文化が発展した時代でもある。

盤石の大企業――電通や博報堂や三井物産など――にいた人が、そのまま会社にいれば平和に暮らしていけたはずなのに、新しい土地に行って――スタートアップに転職するなり、独立するなりして――自分の可能性を試していける。そんな意味でも、今は大航海時代だ。世の中全体が新しい問いかけ、新しい可能性、新しいビジネスチャンス、新しい市場を求めている。旅人の時代だ。

かつてヨーロッパの船乗りが新大陸を探しに海へ出た大航海時代には、様々な島や新大陸が発見されて、そこには未開の鉱脈があった。旧宗主国にいて既存の土地を守り抜いているだけでは、早晩、新大陸に逆転されてしまう。それは歴史の教科書を読み直すまでもなく、明らかなこと。

〝発見〟された側の新大陸たるアメリカは、旧宗主国を圧倒してのちに世界の覇権を握った。同じように、電通や博報堂で大したポジションに就いていなかった人が転職し、外資系ＩＴ企業のマーケティング本部長に就任して、かつて在籍していた会社をアゴで使っている。そんな例は、いくらでもある。

ぼくも、大手の代理店で20年以上働いている40代の局長が、同じ会社からコンサルに転職した20代の若手に対して死ぬほど気を遣って敬語で会話している地獄みたいな状況を目撃した。

「そうは言っても、会社を辞めるのはちょっと……。会社に所属したままでチャレンジできないかな」。そう言いたくなる気持ちもわかる。それこそ歴史に学んでほしい。新大陸アメリカを〝発見〟したコロンブスは当初、ポルトガル王室に航海の資金援助を求めたが、却下された。そこでスペインに渡り、スペイン王室の援助を得て旅立ったのだ。

ポルトガルにいたままで粘り強く王室を説得する方法もあったかもしれないが、それでは時間がかかりすぎる。時間が経てば経つほどコロンブス自身の体力は衰え、過酷な航海に耐えられなくなる。であれば、さっさと見切りをつけて、船を出させてくれる国に移住したほうが得策だったのだ。

ここまで言っても、「でも、ずっとポルトガルにいるし、今さら別の土地に行くのは面倒くさいなあ」という人は、ポルトガルという国がなくなる可能性も考えたほうがいい。先ほど述べたように、今は「サッカーをやっていたら、ある日突然ラグビーになる時代」なのだ。

「今、自分が立っている場所、住んでいる国がなくなるかもしれない」という心構えでいなければ、激動の令和はサバイブできない。盤石と思われていた大企業が一気に凋落した例は、台湾の鴻海《ホンハイ》精密工業に買収されたシャープや、メモリ事業を切り離した東芝の例を挙げるまでもなく、たくさんある。

そもそも、誰もが大海に漕ぎ出す権利が与えられている時代に、「船で出るのは禁止」と言っている国（企業）にあえて住み続けている（居続けている）クセに、「うちの国、船出してくれないんすよ」と愚痴三昧というのが情けない。

坂本龍馬に憧れて「幕末っていいよなぁ」と遠い目でつぶやいている人がたまにいる。

でも、GAFAみたいな黒船も現に来航どころか上陸しちゃっているし、テクノロジーと国際情勢があらゆる変革を要請している。つまり、今は開国待ったなしの〝ほぼ幕末〟。だったら、さっさと志士になっちゃってください。志士になった上で、切迫した目をしながら「いい時代だよなぁ」とぼくはつぶやきたいし、つぶやく人を応援したい。

とまあ、結構マッチョな脅しが続いたが、そんなに心配することもない。最後に、こんな言葉を紹介して次章への橋渡しとしよう。

かつて博報堂からTBWA／HAKUHODOというジョイントベンチャーに出向して間もない頃、外資系企業独特の仕事の進め方に慣れなかったぼくに、コピーライターの先輩が言ってくれた言葉だ。

「〝ピンチはチャンス〟って言うと、ありきたりだし、どうしていいかわかんないよね。だけど〝ピンチはクイズ〟だって考えれば、もうちょっと頭を使おうって気持ちにならない？」

三浦崇宏ツイート名言集　1

仕事人の魂・編

@TAKAHIRO3IURA

「プロの条件って何ですか?」って聞かれたんだけど、答えがない問いかけに対して「正解はないんだけどね」って言っていいのは素人だけだよ。答えがない問いかけに、答えなんてないって知りながらも「これが正解だ」って断言できるまで考え抜くのがプロ。これが正解だよ。

資本主義って、自分が幸せになるためには他人を幸せにしないといけないシステムだからね。設計図としてはシンプルによくできてる。たとえばラーメン屋がお金を儲けるためには、どこよりも美味しいラーメンをどこよりも安く提供すればいい。儲けようと努力するほど、客は幸せになる。基本はこれだよ。

息を吸って吐くように原体験に遭遇しろ。取材しろ。購入しろ。始めろ。飽きろ。ウユニ塩湖の画像を検索するよりも生身で芦ノ湖に飛び込め。情報が飽和し、体験が不足している。噂とバズが飽和し、事実とリアルが不足している。体験を積み重ねることがそのままあなたの市場優位性になるんだよ。やれ。

仕事という名のクソ綱渡りしてる、ずっと。怖いのを通り越して風が気持ちいい。まぁ、落ちても死なないからビビる必要は全くないんだけど。

「仕事は遊びじゃねーんだぞ!?」って会社員の頃に怒られたことあるんだけど、仕事が遊びじゃなかったらこんなに徹夜したり言い争いしたり自分を追い詰めたりしないよなって思った。心から楽しいからほんとうの全力を振り絞れる。仕方なくやるだけじゃ自分のすべてを使い尽くすことはできないよね。

ビジネスにおいて、何で差がつくかといえば、みんな同じテストを解いてはいるんだけど、満点の点数設定が違うんだよね。10000点満点のテストを解いてる人は100点とっても全く満足しないし、10点満点のテストを解いてる人は100点なんて目指すことさえ考えもしないよ。

君が何か新しいチャレンジをするとき、会社や学校の誰かから「普通は」っていう言葉でブレーキをかけられたら「特に意志やアイデアがないときは」って脳内翻訳するといいよ。普通じゃない成果は普通じゃないプロセスからしか生まれないからね。

松本人志が「できることを何回続けても、できないことができるようにはならない」と言ったように、企業も個人も、今ある選択肢から選ぶだけでは、想定外の成長は起こりえない。選択肢にない、全く新しいアクションを意識的にとる。普通に考えたらできそうにないことをあえてやる。そこにしか成長はない。

クリエイターが送りバントしたら終わりだよ。

渋谷のドンと言われた偉大なラッパーと打ち合わせ。「ラップがうまい奴なんていくらでもいたけど、般若も漢もライムスも、結局生き残ってるのは〝言いたいことがある奴〟だけなんだよね」。たぶんクリエイターや起業家にも言えること。自分を突き動かす理由がある奴だけが最後まで闘い続けられる。

一回一回の勝ち負けよりも、どれだけ前に進んだかの距離を気にしろ。20代だろうが、30代だろうが、40代だろうが、50代、いや、それより上だろうが生きてる限り、答え合わせはまだ先なんだ。お前が結果だと思ってるそれは過程に過ぎないし、お前が絶望だと思ってるそれは単なる前フリに過ぎないよ。

多くの若い人が「何者かになりたい」と言う。でも信じられないかもしれないけど残念ながらあなたはあなた以外の人にはなれない。だけど、信じられないほど素晴らしいことに、あなた以外の人は誰もあなたにはなれない。このことに早く気がつくと後の人生が楽になるよ。

本当に語るべき問題、闘うべき敵を見誤るなよ。自分の信念、社会のあるべき姿から逆算して考えるんだ。メディアで扱われるから、偉い人が言ってるから、そんなのはぜんぶ彼らのポジショントークだ、関係ねぇ。自分自身のスタンスを決めて、語るべき問題、闘うべき敵を、自分自身で決めないといけない。

君の欲望のサイズが、君が実現できる未来のサイズを決める。欲しがれよ、世界のあるべき姿を貪欲に追い求めろ、満員電車を受け入れるな。望めよ、現状を迂闊に肯定するな、投票率の低さを当たり前だと思うな。抗えよ、自分の限界を勝手に決めるな。年齢や性別や学歴が言い訳になっていいはずがないぜ。

「周囲の人の目を気にしてチャレンジできない」っていう人生相談を受けたんだけど〝周囲の人の目〟って地球でいちばんどうでもいいよ。引っ越したら会わなくなるし、周囲にあなたの人生に影響を与えてくれるスゴイ人もいないだろうし。周囲の人があなたの人生の責任をとってくれることは決してないし。

活躍してる人、目立ってる人、楽しそうに仕事をしている人を見ると、嫉妬したり悔しくなったり、羨ましくなったりする時もあるよね。だけど、そういう時に、本当にしなくてはいけないのは、彼ら彼女らが見せないようにしている、苦しみ、悩み、血と汗を振り絞って闘っているところを想像することだよ。

『売りたい』という気持ちに嘘はない。メーカーも、クリエイターも、みんな自分の時間を削って、体力を費やして、いろんなものを賭け金にしてプロダクトやサービスを作っているんだ。儲けたいから売りたいんじゃない、いいものができたから、誰かの人生をよくすると確信しているから、売りたいんだよ。

大航海時代に
ヒットする
ものは何か？

第 2 章

日本の7割よりも世界の2割を狙え!

「ポカリスエット」があるのに「アクエリアス」を売る

新しい商品を開発するようなビジネスは、〝モノを広げる〟という発想から、〝広がるモノを作る〟発想に変わっていく。いや、変わっていかなければいけない。

〝モノを広げる〟というのは、「最先端技術なり新しい発想なりを組み込んだ新商品が完成しました。じゃあどうやって売りましょうか?」という発想。プロダクトアウトともいう。

しかし、既にできているモノに対して、どうやって世の中に広げていくかを考えるのは、ぼくらクリエイターとしても大変むずかしい。

ジュースの市場で説明しよう。昔は、オレンジジュースが人気なら、次に桃ジュースを出す。桃ジュースが人気になったら今度はバナナジュースを出す……と次々に新しい味を出していけば、それでよかった。「前とは違う味」であることに、消費者が価値を見いだしていたから。

しかし、やがて思いつきうるすべての味が市場に出尽くしてしまう。「ポカリスエット」

のある時代に「アクエリアス」を売るのはめっちゃ大変。「色も味も一緒じゃん?」と言われかねない(ホントは同じではありませんが)。

こういうとき、今までの企業がどうしていたかというと、〝モノを広げる〟ために、先行する商品よりも大量にCMを流したり、より有名なタレントを使って差別化を図ったりしていた。まぁ、自販機の数や流通の強さで勝負がついてしまう場合がほとんどだ。しかし、そんな物量と面積の戦いにどうやって知恵を使って勝つかが戦略だったりするわけだ。とはいえ、そういった奇襲作戦も何度も繰り返せば、いずれ限界が来る。

そこで、こんな発想の転換が行われた。

「ポカリスエット」は水分補給が特長だけど、実は水分ってそんなに要らないんじゃないか? むしろ余分なものを体から出すほうが大事じゃないか?

そこで生まれたのが「DAKARA(ダカラ)」という商品。これは売れた。

つまり、その商品には一体どういう意味があるのかを、我々クリエイターも含めて開発段階から一緒に考える。つまり〝広がるモノを作る〟姿勢こそが、今求められている。

これは〝モノを広げる〟という発想=プロダクトアウトに対して「マーケットイン」という考え方として知られている。

WeWorkがあるのに、シェアオフィス事業に参入する理由

ぼくらが事業策定時からお手伝いしたプロジェクトに、三井不動産の「WORKSTYLING」がある。彼らは「働き方改革の中でシェアオフィス事業を手掛けたい」と言っていた。これも「ポカリスエットがある時代のアクエリアス」と一緒。WeWork（ウィーワーク）のような先行するシェアオフィス事業者がある中で、あえて後発としてやる意味って何？　と問い直すことから、ぼくらの仕事が始まった。

WeWorkを知っていても、使ったことがない人はたくさんいる。使わない理由のひとつは、「あれはクリエイターとかスタートアップとかの、イケてるやつが使うものだ」というイメージがあるだろう。おしゃれすぎて、普通のサラリーマンが使える感じが、なんとなくしない。

だったらもっと簡単に、リモートワークなんてカフェでやればいい。みんなMacBookをドヤ顔で広げている。

ただ、会社の外で仕事をすること自体がNGである場合もある。

ぼくはスターバックスでよくPCを広げて仕事をしている。ドヤッているつもりはない。かつて、待ち合わせをしていた超大手商社の友人が、到着するなりぼくに言った。「お前、よくスタバなんかで仕事できるな。怖くないの?」。彼は、不特定多数に画面を覗かれる危険性、つまり業務上の機密漏えいをセキュリティ面から心配しているわけ。「お前んとこ、ダメなの?」と聞くと「ありえない」という答え。まぁ、言われてみたらわかる。最近ではうちの会社もスクリーンに貼る機密情報漏えい防止シート装着を義務化しているし。

この経験から、一般的な会社員にとって「会社の外で仕事をする」のは2つの面でネックがあるとわかった。ひとつは「おしゃれすぎて、なんか遠い」。もうひとつは「カフェは危ねぇ」。

だからぼくは、三井不動産にこう提案した。

「日本の働き手の7割を占める、普通のサラリーマンが普通に使えるシェアオフィスを作る、というのをテーマにしましょう」

このシェアオフィスを利用してほしいのは、「イケてるスタートアップの若者」ではなく「大多数の企業の普通の人たち」だ。となると次の問いは、彼らがシェアオフィスを使うには何が必要か? ということになる。当然、先ほどの2つの関係を解消する「おしゃれすぎない」「強固なセキュリティ」も必要だが、実は本当に必要なものがある。日本の大多数の普通に働いている人々にとって一番大事なのは、「上司が許可してくれるかどうか」だ。

ここではじめて、三井不動産という日本最大のデベロッパーにして絶大な社会的信用度を誇る会社が、後発でもあえて手掛ける「意味」が生じる。簡単な話、上司は「三井不動産みたいなデカいとこがやってるんだから、大丈夫だろう」とハンコを押しやすい。聞いたことのないスタートアップでは、そうはいかない。

三井不動産が手掛けるB to Bシェアオフィス事業「WORKSTYLING」は、「御社の社員に働き方改革させませんか?」という触れ込みで展開した。家族がいて、早く帰って子供の世話をしなきゃいけない人も、自宅マンションの近くにあるシェアオフィスでリモートワークができる。

従来のリモートワークは勤怠管理がネックだった。部下が外で働いたとしても、本当にサボらず働いていたかどうか、上司が把握できない、だから許可できない。しかし「WORKSTYLING」の場合、入り口でスマホをかざせば、社員の誰がいつ入っていつ出たかがわかる。その使用時間分の料金はまとめて会社に請求が行く。上司としては、部下をめちゃめちゃ管理しやすい。

結果、WeWorkとは明確にターゲットをずらせた。これが、先行者がいる市場で〝広がるモノを作る〟ということだ。

もはや国民的ヒットなんてない

ヒットするものとは何か。いやむしろ、最近ヒットしたものが、ぱっと頭に浮かぶだろうか？

この本を執筆中の2019年だと、ぱっと思い浮かぶのはタピオカミルクティーか。じゃあ他は？　問答無用で国民的にヒットしているものって？　実はあまり思い浮かばない。

何年か前だったらAKB48が挙がったかもしれない。でも、今の音楽ヒットチャートにピンとくるビジネスパーソンが一体どのくらいいるのだろう？　国民的歌手が出ているという触れ込みの「NHK紅白歌合戦」を見て、「こいつ誰？」ってなるのはぼくだけだろうか？

もっとわからないのが、年末に経済系の雑誌や専門紙が発表するヒット商品ランキングだ。西の横綱、東の横綱とか言われても、無理やりひねり出した感が否めない。あの番付の商品を全部説明できる人が、広告・マーケティングの関係者以外にいるのかどうか。

そう考えると、タピオカミルクティーが「流行っている」と実感できるのは若年層だけで、年配層は仮に知っているにしても、きっと飲んだことはない。この本の担当編集者さんは40代男性だが、やっぱり飲んだことがないという。ほらね。なのに、なぜ流行ってい る扱いなのか?

ぼくの周囲の若いビジネスパーソンの間でよく読まれているメディア「NewsPicks」は、たしかに「ヒット」だろう。でも、たぶん国民全体で言えば、知らない人のほうがずっと多い。知名度で言うと国民全体の15%くらい?(適当です) だとしても、十分に「ヒット」と言えてしまう。

つまり、国民的ヒットというものはもうほとんど存在しない。ごくごくたまに、たとえば2016年の『君の名は。』のような映画が興収250億円のヒットを飛ばすことはあるが、特例中の特例だ。

一方で、KOHH(コウ)という日本人ラッパーがアメリカですごく評価されているが、その事実はほんの一部のコミュニティの人にしか知られていなかったりする。

つまり、特定のコミュニティにきちんと嵌《は》まっていることがヒットするかどうかの鍵であり、あとはコミュニティのサイズが問われているだけ。そのコミュニティは無限に細分化されていて、もはや「日本国民」というコミュニティは、なくなってしまった。だから当然、国民的ヒットも、存在しえない。

今の時代の「ヒット」とは、そんな細分化された特定のコミュニティの全員が熱狂的に好きになってくれるもの、と定義できるのかもしれない。

「好きなもの」しか買われない

Instagramをはじめとした SNS により、あるコミュニティに自分が属していなくても、他人が何に熱中しているかは確認できるようになった。だから、一度もタピオカミルクティーを飲んだことがないおっさんも「タピオカミルクティーがヒットしている」ことは感覚としてわかる。

が、コミュニティを超えてヒットしているものはほとんどない。NewsPicksがいくら東京のビジネスパーソンの間で読まれていようとも、ほとんどの女子高生は知らない。

ゲームで言うと、任天堂がさまざまなハードで出している『大乱闘スマッシュブラザーズ』シリーズはヒット作だが、知らない人はまったく知らない。しかし同じゲームでも『ドラゴンクエスト』シリーズはみんな知っている。なぜなら、昭和の時代、『ドラクエ』の社会現象的なヒットはマスメディアが一斉に報道してくれたから。

SNSどころかネットもない1980年代、人々の情報源と言えばテレビや雑誌や新聞といったマスメディアだけだった。逆に言えば、マスメディアで報じられさえすれば、事実上〝すべての国民〟に伝えることができたのだ。『ドラクエ』はまさにそうだった。

しかし今、「『スマブラ』が熱い」ことは、SNSを覗かないとわからない。CMで放映していたとしても、今はテレビを見ない人も増えているし、見たい番組を録画してCMを飛ばすことも普通。SNSの、しかも『スマブラ』コミュニティの誰かをフォローしていない限り、そのヒットを知ることはない。

今の時代のヒットとは、一人でも多くの支持を取り付けることではなく、特定のコミュニティ構成員のニーズを満たすこと。なので、仕掛ける側としては、「一番大きいコミュニティはどこか」だけを考えればいい。「みんなに受けるもの」が何かを最大公約数的に考える意味はない。「国民全体の何％が見ているか」の指標であるテレビの視聴率が無意味化しているのも、そのせいだ。

今の時代は、好きになってもらわないと、その商品は買われない。何を当たり前のことを と言われるかもしれないが、昔はそうではなかった。「珍しい」とか「今までになかった」、あとは「便利」で買ってもらえたのだ。

しかし今は、それこそセブン-イレブンとユニクロ（に象徴される企業）によって、安価に手に入る良質なモノや便利なサービスが飽和している。つまり、これから世に出る新商品は、「めちゃくちゃ好きなもの」でなければ買われない。

これは、モノやサービスを作る立場・宣伝する立場からすると、ものすごく恐ろしいことだ。たとえば飲料業界では、新発売から3ヶ月間の売上で勝負が決まると言われている。3ヶ月間で好きになってもらわなきゃいけないって、まぁまぁ大変だよ。

そこで、最近よく見られるマーケティング手法が2つ。

ひとつめは「好きな人が作った商品にする」。端的に言えばインフルエンサーマーケティング。もともと話題の企業が満を持して出す、あるいは人気のタレントなり影響力のある人なりにプロデュースしてもらう。その企業や人がもともと持っている〝数字〟を、そのまま利用するわけだ。

2つめは「事前に時間をかけて好きになってもらってから、世に出す」。開発の苦労を伝えるような手法だ。CMやTwitterなどで、燃費を10%向上させるクルマの開発を毎週リポートする……なんてどうだろう。「燃費は良くなったけど馬力が犠牲になって、暴風雨でスピードが出なくなった。坂道を登れなくなった」。開発者のおじさんによるそんな苦労と失敗の連続を半年くらい伝え続け、ようやく完成しました！　と発表会をやるとか。

開発の苦労を半年間見続けてきた消費者は、知らず知らずのうちにそのクルマと開発者のおじさんに愛着が湧くことになる。情が移る、ってやつだ。

なぜ箕輪厚介の本は売れるのか

実は、人が好きになる要素は3つしかない。①人格、②物語、③デザイン――この3つ。①②は前述の「好きな人が作った商品にする」と「事前に時間をかけて好きになってもらってから、世に出す」に当たる。

大事なのは、この3つに「スペック」が含まれていないことだ。

今の時代にスペックで勝負できているものはない。なぜなら、保有技術が各社ほぼ横一線だから。先ほど冷蔵庫で説明した例と同じだ。クルマの燃費にしろスマホの機能にしろ、技術的にはどこもほとんど変わらない。各社ともデザインすら似通っている。どこのスマホも外見はiPhoneにそっくり。トヨタと日産とホンダで、そんなに技術差はないと思われる。

昔は各社で技術の差があった。だから新商品の発表会前には情報を一切出さず、メディアに対しても情報解禁日を守らせ、特定の日時に「一斉公開」のようなＰＲを行っていた。

しかし、今この方法には意味がない。技術水準が各社同じだし、どうせすぐ真似できちゃうから。にもかかわらず、いまだにしつこく「情報解禁日」を設けるって、正直どうかと思う。むしろ情報拡散の機会を自ら減らしているとも言える。

そんなことよりも、開発途中・製作途中の早い段階からＳＮＳなどで消費者に研究・開発のプロセスという物語を見せることで、好きになってもらう努力をしたほうが、売れる可能性がずっと高まる。

起業家や経営者の本を企画してベストセラーに導く幻冬舎・箕輪《みのわ》厚介氏。彼の編集した本が売れるのは、彼の本にこのような「物語」があるからだ。出版前の制作段階から、著者が「ようやく書き終わった！」とか「徹夜して仕上げた！」といったことをTwitterで言う。箕輪氏がそれにリプライし、それぞれのフォロワーが拡散する。

あるいは、もっと初期段階の企画・立案時から、箕輪氏は「あの人の本を作ろうと思う」「あの人に連絡してみた」などとSNSで公開している。「好きになってもらう施策」は、もうそこから始まっている。

しかも、箕輪氏はちゃんと失敗もする。まあまあ炎上もするし、批判も浴びる。でも、そこに人格が感じられる。

つまり箕輪氏の本には①人格と②物語が備わっている。今の時代に売れるべくして売れている。

しかも、これだけ売れていて話題を振りまいても、まだ箕輪氏のことを知らない人は世の中に山ほどいる。何十万部も売れる本を作って、テレビにも出ているというのに。NewsPicksや『スマブラ』と同じく、特定コミュニティ内でのヒットだというのが、また今の時代を表している。

「試合後に語れる試合」が一番いい試合

今の時代、プロダクト（製品）は、コミュニティのようにつくったほうがいい。

たとえばiPhoneなどのApple製品は、それを好きな人たち同士が集まり、会話が生まれ、コミュニティが形成される。製品に不具合があったり、クソ面倒な仕様になっていても、むしろ会話の弾むネタになる。出来の悪い子をかわいがるように。

そしてApple製品のデザインにはAppleの、ひいてはスティーブ・ジョブズの思想や趣味や美意識が詰まっている。だから皆こぞって語りたくなる。

プロレスでいい試合がどんな試合か、知っているだろうか？　派手なフィニッシュで決着がついた試合でもなければ、長引いてめちゃめちゃ盛り上がった試合でもない。いや、どっちもそれはそれでいいのだけど、正解は「試合後にファン同士でめっちゃ語れる試合」。詳しくない方はピンと来ないと思うけど、橋本真也が小川直也を失神KOした試合とか、武藤敬司と髙田延彦のイデオロギー闘争を表現した試合とかがそれにあたる。

試合後に語れる試合は、人々の記憶、もっといえば「心」を奪う。「心」を奪うような仕組みが、このプロダクトのどこにあるんだっけ？　ということを、プロダクトを送り出す側はもっと話し合ったほうがいい。それは「すごいデザイン」かもしれないし、「独特の購入プロセス」かもしれない。

精神を奪うこと、そして語れる要素を作ること。それがコミュニティに発展する。

たとえば、「オールバーズ（Allbirds）という天然素材のスニーカー。シリコンバレーでめちゃくちゃ売れている。どのモデルも手頃な価格。ぼくの履いているモデルはユーカリパルプで作ってあって、ものすごく履き心地がいい。

天然素材で作ってあるので環境にやさしく、生産時に必要なエネルギーは普通の靴の60%、紙箱パッケージも使用資源を極力抑えたエコ仕様。つまり、環境にいいものが好きな人、あるいは環境にいいということを語りたいセレブや起業家といった、情報発信力のあるコミュニティの人に買われることが想定されているのだ。

同社の狙い通り、オールバーズの評判はまたたく間に広がった。この成功は、ある特定のコミュニティに深く刺さるものを作ることが大事だということを証明している。

コミュニティ形成にあたって覚えておきたいのが、ぼくがある調査で目にした「人間は動詞よりも名詞で動く」という傾向だ。

たとえばサイト上でなんらかの会員になってもらいたいとき、その文言は「加入してください」よりも「会員になってください」という言い方のほうが獲得効率は高い。サイトに設置するボタンも、「寄付する」より「寄付者になる」と表示したほうが選択されやすいという。

理由は、おそらく多くの人が潜在的に何かのコミュニティに帰属したいと思っているから。人間はなんとなく「何かになりたい」という気持ちを抱えている生き物なのかもしれない。

もうひとつは、「ドヤりたいから」。今は評価社会なので、「おれ、寄付者だよ」と周りに言いたい。自慢したい。言うことで自分の評価を上げたい。

このような帰属意識とドヤりたい欲への刺激は、コミュニティ形成の鍵と言える。

「なるほど」はダメ、「まさか」しかヒットしない

「特定のコミュニティに深く刺さるもの」という意味で思い浮かぶのが、2019年4月に公開されたアメコミヒーロー映画『アベンジャーズ／エンドゲーム』だ。本作は世界興収が『アバター』を抜いて歴代1位と、映画興行史に残るメガヒットになった。

『エンドゲーム』を映画館で観て、ものすごく驚いた。その前のシリーズ21本を全部観ていないと、内容がほとんどわからないのだ。あんなに間口の狭い映画はない。にもかかわらず、世界で一番ヒットした映画になった。一体どういうことなのか？

これも、すごく今の時代を表している。この映画は、今までの21本を観てきた人への

「壮大なご褒美」だ。特定のコミュニティ――この場合、シリーズ21本を観たファン――の満足度を完璧に満たした。先ほどの言い方に当てはめると「細分化された特定のコミュニティ全員が好きになるもの」だったのだ。

同作は「こんなに間口が狭いのに、まさか!?」のヒットだったが、ぼくはある芸能事務所の社長の言葉を思い出した。「今は企画について『なるほど』と言われたら終わり。『まさか』と言われたものだけが跳ねる」。納得である。

実際ぼくは、DA PUMPの『U.S.A.』も「那須川天心vsメイウェザー」も「ZOZO前澤友作さん（当時）のお年玉1億円」も「新しい地図」も『カメラを止めるな!』も、最初に聞いたとき「まさか」と言ってしまっていた。思うでしょ、普通は。

「なるほど」は納得から来る言葉だが、納得という正攻法では、我々はもうGAFAに勝てない。あれだけの巨大帝国と戦うには、奇襲しかない時代だ。正攻法で行くなとは言わないが、しかし超巨大資本でアメリカと中国がやりきっちゃっている状況下に「なるほど」で戦うのは、だいぶ大変だ。無謀といってもいい。

さらに言えば情報の流通量が圧倒的に増加している中で、「なるほど」程度のものは印象に残らず流れてしまう。「まさか」があってはじめて、忙しい消費者たちの心を奪えるし、好きになってもらえる。「心を奪う、精神を奪う」要素が必要なのだ。

もちろん「まさか」は会議で反発を喰らう。ぼくの経験上、反発がないものはうまくいかない。反発があって、ようやくスタート地点。「これ、大丈夫?」「このサービス、本当にニーズあるの?」と心配されるくらいのものしか、今はうまくいかないのだ。

日本の7割よりも世界の2割を狙え

これからビジネスを始めるならば、日本の7割を狙うよりも世界の2割を狙ったほうが市場も、可能性も大きい。

2019年初頭に日本でもベストセラーになった本『FACTFULNESS(ファクトフルネス) 10の思い込みを乗り越え、データを基に世界を正しく見る習慣』には、文化圏ベースのダイバーシティなんてものは嘘、世界は大きく経済のレベルで分かれている——といった主旨のことが書かれていた。

「人々の暮らしぶりにいちばん大きな影響を与えている要因は宗教でも文化でも国でもなく、収入だということは一目瞭然だ」(本文より)。それがファクトであると。身も蓋もない話だが、まさにファクトだろう。

たとえばぼくは、「東京都港区で働いている36歳のクリエイティブディレクター兼経営者の日本人」だが、同じ日本語文化圏で育った「秋田県の保育士36歳」より、「エストニアで知財を専門とする50歳の弁護士」のほうが、たぶん話は合うだろう。社会に対する問題意識の抱き方や世界を見つめる視点、情報リテラシー、取り巻く人たちの傾向がおそらく前者より後者のほうに似ているからだ。

世界は距離や空間で分断されていた時代から、「価値観」で分断される社会になりつつある。国や言語や文化は問わず、個人の価値観で人やお金が結びつく時代。それを推進したのは、言うまでもなくSNSとスマホだ。

こんなことが起こる。

「日本では国民の5％くらいしか知らないゲームだし、世界各国でもそれぞれ数％の知名度しかないけど、世界数十ケ国のプレイヤーを全部合算したら、日本国内だけで流通しているスーパーメジャーなゲームより、ずっとプレイヤー数が多い」

これは「ニッチなものがグローバルの経済圏を獲得した」ということ。言わば「グローバルニッチ」。これからの世界は「グローバルニッチ or ローカルニッチ」という構図になるだろう。従来の「マス or ニッチ」という概念はなくなる。昔のフジテレビの月9のように「ほぼ日本人全員が見ているドラマ」なんて、既に存在しないのだから。

グローバルニッチがデカくなれば、それはもう「メガニッチ」だ。ニッチなのに、市場が異常にデカい。最たる例がNetflixのドラマだ。たとえば『ナルコス』のように麻薬王を扱ったピカレスクなドラマは、日本ではなかなかメジャーになりえない。月9はもちろん、他局のゴールデンタイムでも絶対に流れない。

でも、日本にもおそらく2%か3%は、こういうギャングものが大好きな人がいる（うちの会社にも結構います）。彼らは『仁義なき戦い』や『アウトレイジ』のような、暴力たっぷり裏社会系の映画が大好物。

このような不良やワルに憧れる文化圏というのは、日本だけでなく世界中にある。つまりジャンルとしてはニッチでも、その視聴者数は世界中にまで拡大すれば膨大。メガニッチなのだ。「日本の7割（マス）を狙うよりも世界の2割（ニッチ）を狙うほうがいい」というのはそういうこと。

これをぼくのいる広告業界で言い換えるなら、「これからのマーケティングとは巨大な内輪受けをつくることである」となる。

ぼくは一時期、「三浦のつくる広告は全部内輪受けだ」と批判されていた。おう、上等だよ。

たしかに、ケンドリック・ラマーを知っている人にとって、ぼくらが手がけた来日時の広告（公文書を黒塗りしたもの）はめちゃくちゃ面白いし、政治に興味がある人もニヤッとしてくれる。だけど、ケンドリック・ラマーを知らない人には、何が面白いのかイマイチわからない。

でも、それでいい。「わかる人にはわかる」。内輪受けというのは、「わかる人」にとってはものすごく深く心に刺さるという意味だから。つまりエンゲージメントが強い。だから「内輪受け（＝メガニッチ狙い）」は、まぎれもなく最強の褒め言葉だ。むしろこれからのビジネスでは積極的に「内輪受け」を狙っていってもいいのだ。

三浦崇宏ツイート名言集 2

仕事Tips・編

@TAKAHIRO3IURA

意外に感じるかもしれないけど、人間は受けとるよりも与える方が幸福感を感じられるようにできてるんだけど、こればっかりは何回かいい感じで与えてみないとわかんないからね。まずは与えることを心がけてみてね。具体的にいうと、プレゼントはもらうよりも選び、あげる側が楽しいみたいなことだね。

最強の才能は「人に好かれる才能」を超えて「人を好きになる才能」なので、よく覚えておくといいですよ。

タックルのコツは、顔は上げる、腰は低く、一度掴んだら絶対に離さず、前へ前へ出続ける。これってそのまんまビジネスにおける交渉のコツと同じだから、覚えておくといいよ。

柔術では、相手に倒されて下になるのは相当まずいけど、自分から積極的に相手の下のポジションに入るのは、むしろ有利になったりする。これってそのまんまビジネスにおける交渉のコツと同じだから、覚えておくといいよ。

クリエイターって、型破りなことをしないと認められないけど、そもそも型がないと打席にすら立たせてもらえないんだよね。

仕事を真剣にやり抜くと、いいことがたくさんあるのだけど、究極的には、仕事を通じて素晴らしい人々と出会えること。そして、もっといいのは、仕事を通じてまだ見ぬすげえ自分と出会えることなんだよな。

休むときは、覚悟を決めて休みきれ。倒れるときは、起き上がることを誓いながら倒れろ。逃げるときは、前に逃げろ。すべては前進の途上だ。たしかな気持ちをきちんと持っていれば何一つ問題ないよ。

下積みが大事なのは絶対的な事実。だけど、それが下積みだと意識しない下積みこそが最強なんだ。親が泣くほどゲームしたり、ファッションで破産しかけたり、学校にいる時間ずっとユーチューブ見てたり。周りから止められてもやめられない熱狂があるならば、それこそが最強の努力そのものだぜ。

お盆は皆いっせいに休んでどこにいっても混み合うから、休みを自分で選べる人はこの期間、エアコンの効いたオフィスでまるで自分のために用意された精神と時の部屋だと前向きに勘違いして仕事がんばるととても捗るよ。休みは前後にずらすと、いろいろ安くなるしね。

さっきオフィスに来た農業ベンチャーの社長が年間レポートで「よかったこと」の次に「わかったこと」っていう書き方をしていていいなぁって思ったよ。「失敗」とか「できなかったこと」「悪かったこと」ではなく、やってみて、どうするべきかわかったと考える。どれだけ失敗できるかが成長の鍵だよな。

音楽といっしょで、企画書にもサビが必要だよ。印象的で、すぐに覚えられて、何度も口ずさみたくなる、声を張る、何より心が動かされるような、サビが必要なんだ。当たり前だけどちゃんと意識しないといいサビはつくれない。その企画書にサビはあるか、それはどこか。提案の前に見直してみるといいよ。

どれだけたくさん話したい内容があったとしても、人間はそんなにたくさんのことを覚えられない。要素を1つ絞って話した方が印象は強くなる。博報堂の若手として企画出しをしていたとき、いつも上司のクリエイティブディレクターに『要素が多すぎる、企画が渋滞してるよ』って言われたことを思い出す。

賢く見える方法を教えよう。誰かが発言したら何か欠点を探して指摘するんだ。大丈夫。注意深く聞いていたら必ずミスや間違いが見つかる。これだけで賢いキャラと認定される。ただこのやり方には二つ欠点がある。
・実際は全く賢くならないこと。
・本当に賢い人には空っぽだと見抜かれてしまうこと。

コンサルティングというビジネスをしていると、特に大企業では「忖度しない」ということがそれだけで付加価値になることがわかる。それくらい大きな組織の内部は忖度や事情にまみれて複雑になっているんだ。だから大企業の中にいる人は、少しずつ忖度しないことを試してみてほしい。少しずつ変わるよ。

「働き方改革」なんてクソだ！

第3章

イチローに素振りやめろって言うやつがいるかよ

GOは現代の『蟹工船』!?

突然だが、ここでぼくの過去ツイートを拾ってみよう。

昨日、仕事が片付いたのが朝の4時。そこからいろんな人に仕事のメッセージを返し続けたら、何人かの人からは即レスが来た。だいたい一流と言われてる人か、気鋭の若手だった。寝ないことが偉いわけじゃない。朝までやり続けられるくらい好きな仕事を見つけてることが彼らにとっての幸福なんだよね。

歴史は勝手に変わるものじゃなくて、誰かが変えてるんだ。その誰かになりたいと思うのなら、画面やステージの向こう側にいる誰かに嫉妬している自分を、未だ何者でもない自分を、正確に認識して、歯を食いしばってでも向こう側にたどり着くために、一日に最低でも25時間は仕事するしかない。

副業もウェルカムだし、クライアントはパートナーだし、会食は朝・昼・夜・深夜で4回戦行くし、パーティーも大事にするよ。受発注関係とか副業禁止とか御中とかウンコ食ってろよ。おれたちはファミリーだ。

世間一般の基準からすれば、弊社GOはブラック企業と思われても仕方ない。日本の多くの企業で「働き方改革」が進んでいる中、時代に逆行するとんでもない労働環境。〝現代の蟹工船〟と言われても仕方ない。ただ、この蟹工船のクルーは、わりと航海を楽しんでいる。明け方まで海賊の歌を歌い続けている（実際、社員の一人はプロのラッパー）。

博報堂に在籍していたとき、業界の盟主である電通が22時に全社強制退社を命じた。そのニュースを聞いたぼくの師匠は「イチローに素振りやめろって言うやつがいるかよ」と吐き捨てた。時刻は深夜の24時。ぼくたちは赤坂で缶ビールを片手にゲラゲラ笑いながら、電通との競合プレゼンの打ち合わせをしていた。

「働き方改革」のムーブメントが、労働時間のみに焦点を当てているとしたら、それは危険なことだ。もちろん早く帰りたい人は帰ればいいし、長時間労働を推奨する気もさらさらない。ただ、仕事に没頭していることで救われる夜もあるだろう。どれだけ時間をかけたって成し遂げたい仕事もあるだろう。仕事をすればするほど研ぎ澄まされていく、そんな感覚もあるんだよな。

「働き方改革」なんてクソだ

もちろんぼくは、22時に強制退社する制度を、一括りに否定するつもりはない。ただ、ブラック企業の本質は労働時間そのものではないと考えているのだ。問題の本質は労働時間の長さではなく、自分の望むと望まざるとにかかわらず仕事をやらされてしまう状況なのだ。仕事における〝自主性の喪失〟に問題があると考えている。

なので、電通が一律に「22時に帰らなきゃダメだ」と強制するのは大いなる矛盾。労働における自主性の喪失という問題を、より大いなる自主性の喪失によって解消しようという、きわめて矛盾した通達に見える。

電通の22時ルール施行直後、同社の若手のクリエイターがぼくに「上司が明日までにこの資料を仕上げろって言うんですけど、総務部長は22時までに帰れって言うんですよ。どうすればいいんですかね?」と、泣き笑いで相談してきたことがある。

一人ひとりの状況、個別の事情を無視して、誰しもが決まった時間に帰らなければいけないと決めつけるルールは、社員を尊重しているようで、実際は組織の事情を優先しているに過ぎない。

繰り返すが、問題の本質は労働時間の長短ではなく、労働における主体性の有無にある。電通に古くから伝わる「鬼十則」がこの問題で世論の波を受けて取り下げられてしまった。しかし、中身をよくよく読んでみれば、「主体性を持って仕事しろよ」ということを（ハイテンションに）書いているだけなのは、皮肉な話だよな。

第1章の「『答えを出す』のではなく『問いを立てる』」で紹介した「OKAN」という会社は、「ワーク・ライフ・バランス」ならぬ「ワーク・ライフ・バリュー」という考え方を提唱している。要は、ワーク（仕事）とライフ（日常生活）の間で、もっともバリュー（価値）を感じるポイントを一人一人が見つけ、それを最優先にしてワークとライフを組み立てていこうというものだ。

このワークとライフの配分比率は人によって異なる。ぼくだったら独身だし、完全にワーク寄りなのでワーク：ライフは9：1だ。しかし、毎日必ず定時の7時に帰りたい、2：8でライフ寄りの人もいる。6：4で仕事寄りの人もいるし、3：7でライフ寄りの人もいる。それぞれの人にベストな黄金比があり、一様ではない。「労働の多様性」ってきっとこういうこと。

「働き方改革」の名のもとに、ワーク・ライフ・バランスという画一的な考え方で、個人の自主性を圧迫するような仕事の仕方は、結果としてそこらへんのブラック企業よりもずっとブラックになってしまう。働く人の気持ちや事情に寄り添わない、政府と企業の体面のための「働き方改革」なんて、クソだ。

ホワイト企業ではなく「カラフル企業」を目指そう

「ブラック企業」の反対が、すべてを一律に染め上げる「ホワイト企業」では息苦しい。ホワイトには逃げ場もなければ、解釈の自由もない。働き方改革が目指すのは、一人ひとりの自由な働き方を許容する、言ってみれば「カラフル企業」と言ってしまいたい。

「ホワイト」がベースにあったほうがいいのはもちろんだけど、地球環境を最優先する「グリーン」な働き方もいい。きっとその社員は、書類をコピーしたりプリントアウトしたりするのには断固反対だろうし、夏でもエアコンを使わないだろう。

サーフィンを最優先する「ブルー」な働き方もいい。副業でカレー屋さんを経営する

「イエロー」な働き方もいい（ランチで社員みんなのカレーを作ってくれ！）。あるいは、とにかくモテるためだけに仕事していたいという「ピンク」な働き方だっていい（社内恋愛は責任を取る覚悟がある限りは推奨する……というのが弊社のスタンス）。

そして、「仕事を人生の最優先事項と捉えているから、早朝から深夜まで没頭していたい」という「ブラック」な働き方だって、その人の自由だ。

ここでまた、ぼくの過去ツイートを引っ張る。

働き方改革とか、労働の効率化とか、いろいろ理屈はあるかもしれないけど、会社がその人にとって最高の居場所っていうこともあるんだぜ。仲間から必要とされている。自分の力を発揮できる。そんな実感があれば会社は最高のコミュニティになる。それは個人の可能性を社会に役立てるための変換装置なんだ。

働き方の色は、自分で選べるし、好きなときに色を変えることができる。それが個人にとっても企業にとってもいちばん効率的なはずだ。自ら選んだ色こそが、その人の能力を最大限に発揮できる環境なのだから。少なくとも、ぼくはそう信じている。

働き方をただ変えるのではダメ。画一的な仕事は、それこそＡＩに任せればいい。一人ひとりの個性を活かす。多様性が企業の生産性につながる。新しい働き方とは、そういうことだと思うのだ。

「逃げるなら、前に逃げろ」

これはGADOROというラッパーがフリースタイルバトルで口にした言葉のサンプリングなんだけど……全力で向き合ってみてはじめて「この仕事には向いてない」って検証できる。それで辞めるのはポジティブな決断だってこと。次の職を探す上で「こういう仕事はしない」みたいな基準ができたんだから、それはそれで前進だと思えばいい。

でも、中途半端に辞めてしまうと、「やっぱりもう一回試してみようかな」っていう気になってしまう。人間はのど元過ぎれば熱さを忘れる生き物だ。

全力で仕事と向き合ってダメなら、前に逃げる。逆に言うと、「前に逃げる」ためにも、「全力で仕事と向き合う姿勢」が大事になってくる。

「全力を尽くしたときだけ、失敗は前進になる」ってことは覚えておいてほしい。

「石の上にも三年」という意見もよく耳にするけど、そんなの、適当なやつがキリがいいからいい加減に言っているだけ。

大切なのは時間じゃない。濃度だ。どれだけ集中してやったかってこと。濃度を限界まで高めて仕事に打ち込めば、自分が向いているか向いていないかなんてすぐにわかる。〝限界濃度〟で全力を尽くしてみてもダメだったなら、たとえ入社3ケ月でも、笑顔で前に逃げればいい。

ただし、自分の全力をごまかしちゃいけない。サボっちゃったときに「でも全力だったな」って自分に嘘をつく。そんなことを続けていると、だんだん本当の全力を出せなくなっていく。自分の全力をごまかすと、仕事に対する「基準」がなくなってしまう。

そうなると「全力で仕事と向き合う姿勢」も維持できなくなるし、今の仕事が向いているのかどうかもわからないから、結果的に「前に逃げる」ことも難しくなる。仕事に対する〝基準〟がなくなって、負のループにハマっていく。こんな悲しいことはない。

気が抜けちゃうときは誰にでもある。でも、「おれは全力を尽くせなかった」って悔しさだけは絶対忘れちゃいけない。

意思決定は早ければ早いほどいい

「ワーク・ライフ・バリュー」や「カラフル企業」の議論を踏まえた上で、今働いている会社の労働環境や待遇に不満がある人へ。本当に転職していいのかどうか、迷うこともあるだろう。

第1章の「サッカーをやっていたら、ある日突然ラグビーになる時代」で書いた。今はあらゆる状況において、社会のルールが変わりつつある時代。ということは、今あなたがいる環境が〝最高〟かなんて、誰にもわからないし、誰にも言い切れない。

日本に上場企業は約3800社もある。GOのような未上場の会社も入れたらざっと400万社。その中で本当に今の会社がベストなのだろうか？「日本の雇用者約6000万人×400万社」という天文学的な組み合わせの中で今の会社がベスト……なわけ、ないよな？

新卒でたまたま入った会社に、たまたま何年かいるだけ。中途採用でたまたま出会った会社に、たまたま身を置いているだけ。

しかも、我々の能力は日々変化する。

ぼくは就活で博報堂しか受からなかった。たしかに1年目は博報堂に向いていたかもしれない。チームリーダーになった5年目はリクルートのほうが向いていた……かもしれない。だけど、スタートアップ支援に目覚めた10年目のころは、投資ファンドとかの方が向いていたかも。いずれも転職はしなかったけど。そして10年を経て、会社員よりも経営者の方が向いていると思って、独立・起業してしまった。

自分の能力も、そして社会も一分一秒と変化する時代に、今この瞬間の所属先が「ベストオブベスト」なわけがない。「雇用者約6000万人×400万社」という無数の組み合わせがあり、時代の中で会社も変化する。個人の能力も変化する。社会状況も変化する。このように不確かな状況の中で、「今自分の居る場所に、これからもずっと居続ける」というのは、確たる覚悟とか、なんらかの意味がない限り、かなり例外的な選択だと思ったほうがいい。新卒から10年以上もずっと同じ会社にいる人は、「おれ、すげえ変わったことやっているなー」と自覚するべきだ。

その特殊さを自覚しながら愛そうということならいい。でも、特に自覚なく「今自分の居る場所にこれからも居続ける」のが「普通」という考え方は、あまりに視野が狭い。

もうひとつ、転職するかどうか迷っている人に言いたいのが、意思決定を遅くしたところで、いいことなどひとつもないということ。

あなたが今の職場に不満を持っていて、今の会社に残るか、A社に転職するかで迷ったとしよう。しかし「今の会社に残るか、A社に行くか」は、実はそれほど重要ではない。重要なのは「早く決めるか、ゆっくり決めるか」なんだ。なぜなら、意思決定さえ早ければ、意思決定自体の間違いは後からいくらでも取り返せるから。間違っていたとしても、努力次第では、後からいくらでもその選択肢を正解にできる。

後から取り返しがつかないのは、むしろ「意思決定の遅さ」だ。できたてのラーメンとカレーが目の前にあって、ランチでどちらを食べるかを考えて時間が経つうちに両方冷めてしまい、どちらもまずくなる。そんなことが世の中にはいくらでもある。

冷めたマズいメシより、とりあえずなんでもいいから温かいメシだ。いくらラーメン好きでも、冷めたラーメンよりは温かいカレーのほうがうまいに決まっている。ましてや、いつまでも決断できなければランチの時間が終わってしまい、どちらも食べられない。最悪だ。

選択肢が「温かいラーメン」「温かいカレー」「冷めたラーメン」「冷めたカレー」「ランチを取り逃す」の5択であれば、どう行動すべきかは一目瞭然。「何を食べるか」より「どれだけ早く選ぶか」のほうが大事だ。

今の会社に残るにしても転職するにしても、決断は早く。冷めたメシは、食らうな。

1億総マルチタスク化の時代

スマホの普及によって、テレビを見ながら友達とLINEで会話しつつ、Googleで調べ物をしたり、YouTubeで別の映像を見たり、メルカリで欲しいものを探したり、なんならエロ動画を漁ったりするのが普通のことになった。昔は一部の優秀な人の特殊能力だったマルチタスクが、多くの人の標準装備になった。

だから、会社の組織構成もそれを念頭に変えたほうがいい。むしろ今後は、社員のマルチタスク的生活を実現させられる会社だけが生き残っていく。

昔の会社は、ある社員が担当する業務や分野はひとつだった。商社なら、鉄の担当、石油の担当、投資の担当は別々で、兼任という発想はない。したがって部署も、鉄の部署、石油の部署、投資の部署と縦割り。マルチタスクができるのは聖徳太子なみに優れた人だけだったからだ。

ところが今は、日本人のほとんどが持っているスマホ自体、スーパーマルチタスク前提に設計されている。電話であり、メッセンジャーであり、買い物ツールであり、テレビであり、パソコンであり、心電計であり、血圧測定器であり、万歩計。これによって人間はLINEで会話しながら、そこに出てきた話題のラーメン屋を「食べログ」で調べられる。ラーメンについての会話と、ラーメン屋の場所を調べるという2つのタスクを、わりと自然に、同時にやれるようになった。こんなの全然難しいことじゃない。

それどころか、YouTubeで動画を見ながら電話したり、YouTubeで見たアイテムをメルカリで探したりなんてことも、普通の人が普通にできる。社内の若者をつかまえて、この1時間何してた？　と聞けば、「書類作成と仕事の電話をしていました。あ、でも合間にAmazonでネットショッピングして、休憩がてら少しYouTubeも見て、写真の加工して、ゲームを2つやっていました」とか答えてくる。そんな時代だ。

ということは、組織が社員に「お前は一生、石油関連の業務をやれ」と縦割り的に指示するのは、全然時代に合っていないことになる。現代人であれば社員はその理不尽さにガマンできなくなる。

これからは「石油もやっているけど、裏で実は株の取り引きもやっているし、夕方5時以降はスタートアップのお手伝いをして、趣味で動画を作って配信して、バズったのでオンラインサロンの先生も週末やってます」みたいなことが普通になる。

実際、シリコンバレーに行って、GoogleやFacebookといった大企業で働いている人たちに話を聞くと、夕方5時や6時には帰っていると言う。ワーカホリック日本代表として「そんなに早く帰って、何してんの？　俺なんか仕事がなかったら何していいかわからないよ」と質問したら、「いや、仕事してるんだよ」という答え。あるGoogle社員は年収2000万円くらいもらいながら、家では自分の理想とするアプリを作ってスタートアップをやっていると言っていた。カッコいい。

自分のやりたいことが明確にあって、そのために時間を使っている。逆に言えば、自分のやりたいことがない人間に「早く帰れ」と言ってもやることがなくて困ってしまう。ほら、やっぱり働き方は一律じゃない。働き方改革なんて（以下略）。

スマホという、無数の機能を持つひとつの機械が標準装備になった。人間もその機能を使いこなせるようになった結果、ひとつの組織、ひとつの働き方だけではない、複層的なマルチタスクの人間がむしろ普通になっている。であれば企業も、それを前提に副業を認めるとか、部署をいくつも兼任できるといったやり方を考えなければならない。また、働く側もそういう会社にこそ、自分という無限の機能を持つ有限の資源を投入すべきなのだ。

天才を雇用する鍵は「思想」と「環境」

ここ3年くらいの企業の「働き方」に関する課題は、「女性」をどれくらい活用し、自社で価値化できるかということだった。

その前は「高齢者」、つまりアクティブシニア。高齢化大国日本の中で、まだリタイアしていない60歳以上の方々に、どうやって気持ちよく働いてもらうかということだった。

そして令和の今、最新の課題は、これら2者に加え、組織が「天才」を捨てないためにどうすればいいか、になる。

レオナルド・ダ・ヴィンチとか千利休のような、文化や世界の認識を変えるきっかけになるような天才たちを、組織の中でどうエンジンにするか。ほっといたら、彼らはみんな組織を出ていってしまう。彼らをどうやって囲い込むかということが、21世紀の組織論のすごく大きな課題になる。

天才といえども、大企業にいるときの年収は、国内で1000万円から2000万円くらいのレベルが想像できる。しかし、ひとたびスタートアップを立ち上げて成功したり、外資系の大手に転職したりすると、その数倍から、場合によっては1000倍以上の収入を得ることもできる。

大企業から天才が独立し、フリーになってしまうと、もし彼らの古巣の大企業が彼に仕事を依頼するとなると――あくまで仮定だが――3ヶ月契約で2000万円近く請求されたりする。会社にいたときにはたった1000万円で1年間使い放題だったのに……みたいな話。このような例はぼくの近くにいくらでもある。

企業にしてみれば、じつにもったいない。

これもたとえばの話だが、仮に大手の広告代理店が落合陽一さんを社員として雇いたいとする。たぶん年収は3000万円くらいしか出せない。頑張っても5000万円といったところか。

だけど落合さんとしては、ぶっちゃけ、そんな年収は要らない。だって落合さんなら、それくらいの金額、やろうと思えば個人で稼げるから。何より、たった3000万円なり5000万円なりで特定の1社に所属して縛られて自由が妨げられるのは、落合さん自身がもっとも嫌うことだろう。

だけど、もし広告代理店がこんな提案をしてきたらどうか。

「落合さん、実はぼくたち、世界中のすべての人間がテクノロジーをもっと使いこなせる社会を作りたいんですよ」

するると、落合さんは、きっと言うだろう。「いいですね」。

しかし広告代理店はこう言う。「ただ、給料は年間で100万円です」。

当然、落合さんは「えー！」となるが、話には続きがある。

「だけど落合さん、弊社にはコピーライターとデザイナーが、1000人くらいいます。この1000人を全員、落合さんの部下として好きに使ってくれていいです」

これ、落合さんは乗るんじゃないか？

つまり、天才の雇用に必要なのは、思想と環境。どんな社会を作りたいか、世界をどんなふうに良くしていきたいかという思想と、彼ら彼女らの才能を十全に発揮するに足るスタッフや機材などの環境。重要なのはこの2つで、年収すなわち待遇は二の次でしかない。

落合さんの例は極端だとしても、高い能力を持つ天才たちは、やはりいずれも思想と環境を重要視するだろう。〝天才〟がSクラスやAクラスの人材だとしたら、待遇を最重要視するのはBクラス以下の人だ。

GOにも、それぞれの元の組織で圧倒的なリーダーシップを発揮して仕事の成果を出していた、天才クラスのメンバーが何人かいる。彼らには電通や博報堂やADKにいたときよりも多い給料を払っているが、彼らが独立したら、たぶん今の2倍くらいは稼げるはず。でも、今のところ彼らが独立しないのは、GOという会社の「社会の変化と挑戦にコミットする」という【思想】に共鳴しているからだ。

また同時に、彼らはGOにいれば、優秀なデザイナー、プロデューサーと協業できる、すなわち【環境】が手に入ることを知っている。個人で小さい規模の広告を作るよりも、GOにいて大きくて新しいチャレンジに加担したほうが、自分が磨かれると知っている。

世の多くの人が①待遇、②環境、③思想の順番で考えているが、天才のようなハイパフォーマーほど逆。①思想、②環境、③待遇の順に重視しているのだ。

令和時代の起業家はアーティスト

独立起業の選択肢について、第1章「『答えを出す』のではなく『問いを立てる』」でも少し言及した起業家という存在について、もう少し深掘りしてみよう。

令和時代の起業家は、わりと素で「世界に出たい」「世の中を良くしたい」と思っている。若い彼らは一様に、人助けしたい、人の役に立ちたいといった大きな公共心を持ち合わせている。

その理由はおそらく、スマホと東日本大震災が大きいだろう。

インターネットの普及は、「海の向こうに何々という貧しい国があり、そこで大変な目に遭いながら生きている人がいる」ということを、リアルタイムかつものすごい臨場感で世界中に知らしめた。多感な10代の頃からスマホが身近にあった世代は、「日本の外に世界というものがある」という当たり前の事実を、スマホを通した日々の「日常」として触れてきた。社会に出て、若くして起業家となった彼らが「世界に貢献したい」と思うのはごく自然なこと。

東日本大震災のときも、彼らは「未曾有《みぞう》の国家的危機なのに、自分は何も手助けができない。被災者に手を差し伸べられなかった」というもどかしさを感じていた。大きな災害がひとたび起これば、たくさんの人が簡単に死んでしまう。そんなとき、ちょっとでも何か助けてあげられるような人間になりたい。「世界を良くしたい」と願う気持ちの源泉はそこにある。

対して、ぼくよりも上の世代の超大物の起業家・実業家は、彼らと比べるとすごく視野が狭い。

たとえば、みんなもよく知っている偉大な経営者でも、チャリティのような「世の中を良くする」アクションに、びっくりするほど興味がなかったりする。少なくとも、興味がないように見える。身内が儲かればそれでいい、面白ければそれでいいと思っている。

国内の大手ＩＴ企業の中にも、驚くほど海外進出に消極的な会社がある。これもまた、トップの世代的な感性によるものだろう。

今、起業家はすごく面白い存在だ。

１９６０年代や70年代は、世界を大きく変えるような会社を一人でつくるのは、とても難しい時代だった。なので「世界を変える」には、会社をつくるよりも歌を歌ったほうが可能性は高い、という思いがあった。だからそんな若者はみんなギターを持っていたのだ。

もっと前の時代に「世界を変えたい」と思った若者は、ペンを持った。たとえば、ロシアの文豪ドストエフスキー。彼の代表作『罪と罰』が書かれた19世紀半ば、ロシア国民の識字率は０・２％だった。そんな、ほとんど誰も字を読めないような時代に『罪と罰』を書いて、それが百何十年たった今も、ロシア国内だけでなく、日本やヨーロッパなど世界中の人々の気持ちを突き動かし続けている。

そして今。ドストエフスキーがペンで世界を変え、ビートルズがギターで世界を変えたように、起業家はMacBookで世界を変えようとしている。ペンやギターよりも、MacBookのほうが世界を変えられる可能性は高いと判断しているのだ。

今の起業家はアーティストとシームレスな存在なのだ。昔ならギターを弾いたり歌を歌ったりしていたような種類の人が、あるいは小説や絵や彫刻を作っていたような人が、「世の中に何か新しい価値を訴えるやり方」として起業を選んでいる。それは単なる金儲けの手段ではない。

かつて学者がやっていたことを、今は起業家がやっている

起業家は仮説と検証のプロフェッショナルだ。

社会というものが、これから先どうなるかわからない。5Gが普及したとき、あるいはAIが普及したとき、あるいは国境が全部消えて難民という概念がなくなったら、どうなるだろうか。

今まで、そういったことに仮説を立てて考えるのは学者の仕事だった。でも、彼らは仮説しか立てなかった。あるいは分析までしかしなかった。ところが、起業家は仮説を立て

て分析した上に検証までする。

「日本でインターネットテレビ局をやってみよう」「国境関係なく、世界のすべての人が友達になるネットワークをつくろう」「ドローンで荷物を配送しよう」。

ダメかもしれないけど、まずは検証しよう。それが起業家精神だ。

かつて「世界がこれからどうなるか」は、10年後、20年後レベルなら予測がついた。だからこそ、企業や国家が信頼されたのだ。予測に基づき、「このまま規模を大きくしていきましょう」「このまま機能を追加していきましょう」「このままスペックを上げていきましょう」に、国民が納得できた。その先には豊かな生活や幸せが待っていたから。

かつては、ビジネスを短距離走にたとえるなら、「足の速いやつが勝ち」というルールが未来永劫変更されないという（錯覚だけど）保証があった。その保証前提で、誰の足が速いかという話だけしていればよかった。足が速いほうが強い、だから足を速くする努力をこのまま続けていけばいい。シンプルこの上ない。

でも今は違う。10年後にはルールが変わっていて、参加者全員がすごいテクノロジーの義足をはめて走っているかもしれない。そんな時代だから、ルールが変わりますと言われた瞬間に「じゃあおれ、ちょっと義足で走ってみるわ」と、フットワーク軽くすぐに検証できる人間が、世の中を牽引する。

未来が不確かな時代こそ、仮説と検証が求められている。それをやっているのは学者でも大企業の人間でもなく、スタートアップの起業家たちだったりする。

三浦崇宏ツイート名言集　3

起業家／経営者／リーダー論・編

@TAKAHIRO3IURA

今夜いっしょにごはん食べた投資家の人が言ってたんだけど「起業家にとっていちばん大事なのは採用力。事業のステータス関係なく、優秀な仲間を巻き込めない時点で投資家も顧客も社会も巻き込めない」。わかりすぎる。クリエイターも、まわりのスタッフがついつい本気になるアイデアを出せれば勝ちだしな。

昔、浜崎あゆみがライブで『今日雨降っちゃってみんなごめーん!!』って謝ってるのを見て、天候にまで責任を負う覚悟がカリスマの条件なんだよなって感心したんだよね。景気が悪いとか、会社がバカだとか、自分以外の何かのせいにしても何も前に進まないから、自分にできることを考えないとね。M。

今、社内で打ち合わせしてて改めて思ったんだけど、うちの会社には答えを出す天才が何人もいる。だからこそ、経営者のおれは天才的な問いかけをしなきゃいけないんだよな。

経営者と部長では仕事相手に求めるものが全く違う。経営者は否定してほしいのだ。周りの皆が肯定してくれるから。一方で部長以下は肯定してほしいのだ。周りのみんなに否定されがちなので。だからこそ経営者と仕事するときは中途半端に意図を汲まないで本気で喧嘩するつもりで行かないと信頼されない。

そのアイデアがいいアイデアかどうかは、上司やクライアントが認めてくれるかよりも、一緒にやってるスタッフの目が輝くかどうか、彼らの本気を引き出せるかどうかでわかる。これは事業や経営方針についても同じこと。遠くの客や、上にいる株主よりも、すぐ隣にいる仲間の心にスイッチを入れろ。

グローバルの広告会社ネットワークTBWAの総帥ジャン・マリー・ドリューは「ブランドは名詞ではなく、形容詞でもなく、動詞で語られる」って言ってたよ。

アップルは反抗し、
IBMは答えを出し、
ナイキは熱く語り、
ヴァージンは啓発し、
ソニーは夢を見て、
ベネトンは抵抗する。

さて、あなたの会社は?

GOの忘年会だった。『社員を食わしてやってる』と言う社長がいるらしいけど、実際に社長をやってみるとそんなこと本当に言う人がいるのか信じられない。『社員に食わしていただいている』という感覚しかない。みんな、いつも最高の仕事してくれて本当にありがとう。来年も思いっきり暴れようぜ、GO!

意外なことに、優秀なプレイヤーほど経営者と対立することがある。プレイヤーはその企業の現在を解像度高く見つめ、一方で経営者はその企業の未来をはるか遠くまで見通している。見る領域がそれぞれ違うからプレイヤーの現場最適の判断が経営者からするとその企業の未来像とブレることもあるんだよね。

今は以前のように社員数を増やすことよりも、会社の関係人口を増やすことを考えた方がいい。企業は単なるお金儲けのための組織ではなく、社会に価値を提供していく現象なんだ。だから採用でも、クライアントへの営業でも成否に目を奪われるよりも社会に向き合う仲間を増やすつもりでいた方がうまくいく。

リーダーシップは組織から与えられるものじゃない。誰かにやってくれと言われるものでもない。その時代の課題に、その組織の成長に、もっとも切実に向き合う人間が勝手に自然になるものなんだよ。そこには年齢も立場も実績も関係ない。いちばん真剣に考えていちばん最初に手を動かす人間がリーダーだ。

起業家にはビジネスモデルや調達額とかペラペラ語る前に、そのプロダクトのユーザーベネフィットをちゃんと語ってほしい。イノベーションとかサステナビリティとか、どこかで聞いた英単語はいらないんだ。とにかくそのプロダクトでおれたちの暮らしがどう変わるかを話してワクワクさせてほしいんだよ。

「人脈」は地球上で最も下品な言葉だ

第4章

「人脈」なんて言葉を使ってるやつはクソだ

能力は「高さ」×「広さ」×「深さ」

ここまで、今の社会状況を把握するための話をしてきたが、ここからは実際に大海に漕ぎ出すときに必要な個人の能力や、我々のもっとも身近な情報ツールであるＳＮＳとの付き合い方についての話をしていこうと思う。

ビジネススキルとは「高さ」×「広さ」×「深さ」のかけ算と考えるとわかりやすい。

「高さ」とは、あるひとつの技術の専門性。ぼくであれば、広告のクリエイターとしての専門性だ。

「広さ」は、その専門性をほかの複数の分野で応用できること。広告クリエイターとしての専門性を活かして、美術展のプロデュースをやったり、アーティストのＭＶを作ったり、スタートアップへの投資をしたりすること。

「深さ」は懐の深さ、人間的に信頼されていること、逆境に強い精神性など。要は、どれだけトラブルや修羅場をくぐり抜けたかということ。ぼくであれば……毎日が修羅場みた

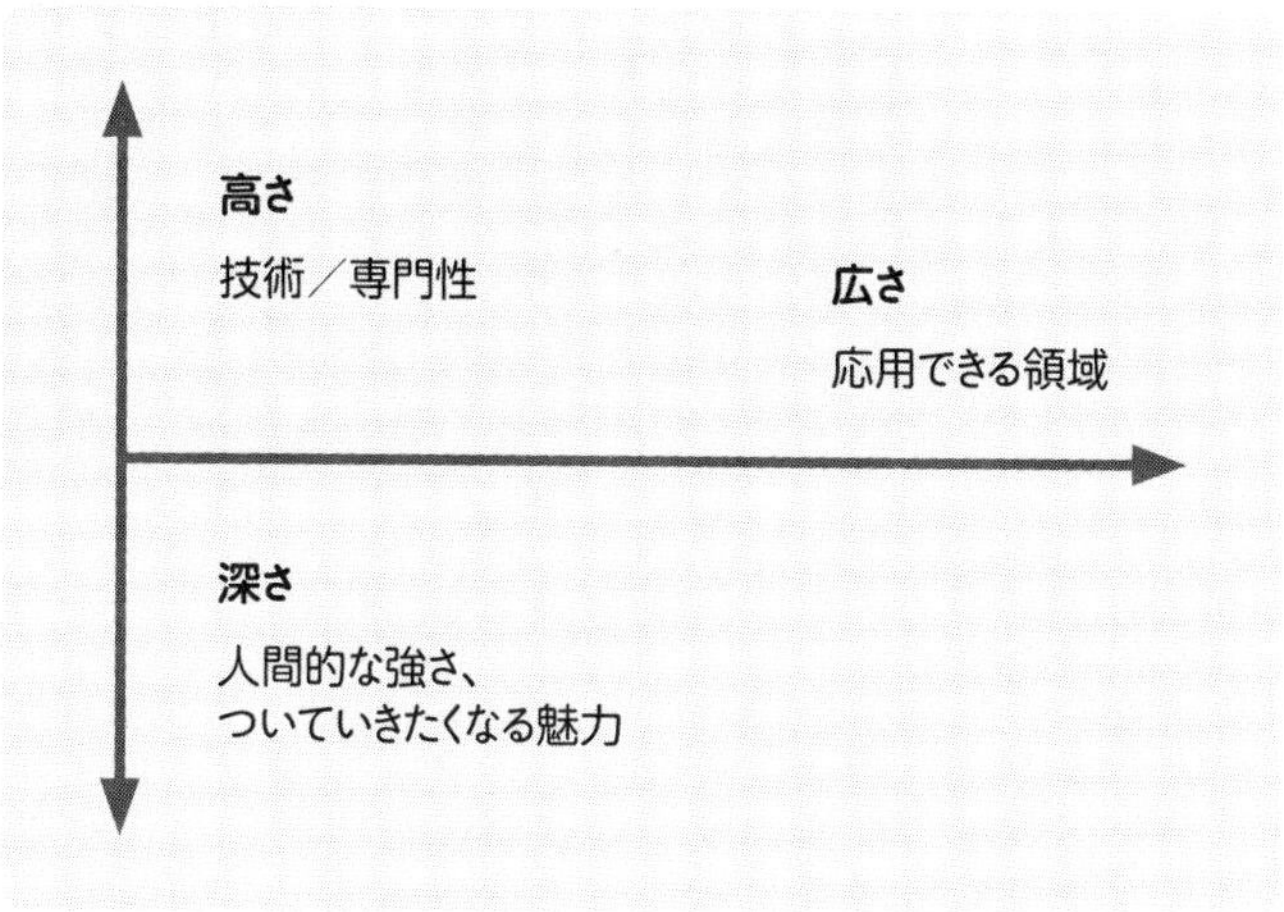

いなもんだ。答えのない問いを投げかけてくる経営者と日々向かい合ってきちんと答えていくことで磨かれている。

「高さ」がないと「広さ」は手に入らない。「高さ」を構築できていないうちに、「広さ」に手を出し、「マルチな人材になる！」などと言っている人は、たいてい中途半端に終わる。

また、たとえ「高さ」と「広さ」が備わっていて万能なスキルを持っていても、「深さ」がないと人から信頼されない。トラブルや修羅場の経験値がなければ危機的状況で正しい判断はできない。ビジネスでは修羅場なんて日常茶飯事だ。リーダーがピンチでビビッていたらチームは機能しない。

身につけるべき順番は、「高さ」→「広さ」→「深さ」。たいした専門性（高さ）もないくせに、若手のうちから「デザインもできる、営業もできる、マーケティングにも興味があります」と広さを追求しても、なんの意味もない。

高さのない広さは迷惑なだけ。天井が高い空間は狭くても気分がいいし、それが広くなったらもっと過ごしやすい。でも、天井が低い空間で狭かったらすごく苦しいし、仮に広くなったとしても、天井が低い空間では使いにくくて迷惑なだけだろう。

「なんでもやります」という若手はバカ

他業種との名刺交換にばかり目を血走らせるイタい若手はどんな職場にもいるもの。では逆に、「見込みのある若手」とはどんな人か。どんなに小さい仕事でも、自分の仕事のスケールを大きく捉えられる人だろう。

昔、アメリカのケネディ大統領がＮＡＳＡへ視察に行ったとき、ＮＡＳＡの清掃員に「何をしているんだい？」と聞いた。普通は「床を掃除しています」などと答えるところ、その清掃員はこう答えたという。

「人類を月に送る手伝いをしています」

ある会社、ある組織にとって、若手なんて見えないくらい小さい歯車でしかない。でも、その小さい歯車に任される仕事が、回り回って会社や社会にどれだけ影響を与えられるのか。それを想像できる若手は責任感が桁違いに強くなる。そういう想像力を働かせることができる若者はどれほど瑣末な仕事でも、丁寧に、気持ちを入れて向き合うことができる。自然と成果にも成長にも差が出てしまう。

また、若手にありがちな悩みとして「自分の強みが何かわからない」がある。ぼくに言わせれば強みなんて自分ではわからない。強みは社会と他人が決めることだから、成果から逆算するしかないのだ。一人でウンウン唸って考えたって、出てこない。

ある企画書を書いたときは上司から褒められて、別の企画書を書いたときは反応が薄かった。であれば2枚の企画書を並べてみて、その違いをよく考えてみる。それで、もし最初の企画書のデザインが良かったのなら、「自分は物事を整理して、わかりやすく伝えるのが得意なんだ」と気づく。自分の仕事を評価する他人という鏡を通して、はじめて自分の強みが見えてくる。

ちなみに、わかりやすいダメな若手の典型は「なんでもやります!」と口にするやつ。

ガッツがあってよろしいじゃないか？　いや、こういう若手はだいたい思考停止していることが多い。

あなたが難度のめちゃくちゃ高い仕事をクライアントから振られて「これできる？」と聞かれたとしよう。なんと答えるのが正解なのか？

とりあえず「できます！」と即答して、どうするかを後で考える？

気持ちはわかる。だが、それだとできなかった場合の責任を取れない。「なんでもやります！」と同じく、リスクを想定できていないバカさ加減が丸出しの回答。

正解は、「やってみたいです」。

できないかもしれないという可能性をしっかり踏まえて謙虚さを持ちながら、それでもやってみたいという意思を表示する。曖昧なように見えて、実は熱意を伝えるのには一番いい返答。それが「やってみたい」。

また、上司や尊敬している人の信者になるやつは伸びない。

以前、あるインタビューの最中にGOの若手を呼んで「ぼくのこと尊敬してる？」と聞いたことがある。彼の答えは「仕事は圧倒的にすごいと思うけど、それ以外はちょっと……」と。

これくらいがちょうどいいと思っている。

当たり前だけど、完璧な人間なんて存在しない。絶対にミスを犯す。つまり上司の意見が本当に正しいかどうかなんて、わからない。

それをわかった上で、いったん呑み込んで上司に従う姿勢もすごく大事。指示に納得がいかなくても、自分の成長のために従うことで得られるもの面は確実にある。

でも一方で、「この人の言うことは間違いない」と盲信するのも違う。上司を冷静に見て、意図を考えた上で、いったん従ってみる。それが若手のあるべき姿だし、もっとも経験値が貯まる行動なのだ。

失敗しても、気持ちは切り替えなくていい

ぼくは失敗しても、気持ちを切り替えない。ずーっとウジウジしている。落ち込んでいるわけじゃなくて、ずっと失敗について考える。自分が想定した結果に結びつかなかったときとか、クライアントが望む成果を出せなかったときは、自分の中でひたすらその原因を言葉にして徹底的に分析している。

「あのタイミングで気を抜いたな」とか、「あの意思決定はちょっと軽率だったな」とか、「もう少し遠慮しないで詰めればよかった」とか。思いつく限り反省点を全部書き出す。

失敗の原因は、だいたい情報が足りないか、努力が足りないかのどっちだ。だから不必要に落ち込むより、まずはどっちが失敗の原因なのかを考えたほうがいい。


エジソンの言葉で、「私は失敗したことがない。ただ1万通りの上手くいかない方法を発見したことはある」というパンチラインがある。このように考えると、失敗とは、事例の獲得だ。「この方法はダメなんだ」という知見を得ることができるのだから、はじめて挑戦する他の人と比べて一歩前に進んでいる。

毎度落ち込んじゃう人っていうのは、仕事を点で捉えている。本来、仕事って一度きりじゃなくて何度も回ってくるし、続いていくものだから、もっと面で捉えないとダメだ。だから、一流のビジネスパーソンはあえて切り替えなんてしないとも言える。

「気持ちを切り替えよう」なんて悩むくらいなら、まずは行動を変えよう。

「人脈」は地球上でもっとも下品な言葉

「人脈」という言葉を使っている時点で、ロクなビジネスパーソンではない。「人脈」は人を損得という一面でしか捉えていない言葉だからだ。人のことを金儲けの道具としか見ていない。あまりに下品すぎる。損得で「人脈」を作ろうとするなんて、マルチ商法だけ。「人脈」は地球上でもっとも下品な言葉と言える。

「すごい人とつながりたい、人脈を広げたい」なんて言っているやつに限って、「この人とつながったら、いいことあるかな」「この人とつながったら儲かるかな」という顔をして近づいてくる。ぼくも経験があるが、そんな人間とは一番関わりたくない。そういう人たちの常套句「名刺だけでも交換させてください」なんて、なんの意味もない。そういう人から受け取った名刺が何かの役に立ったためしがない。

ぼく自身は、今まで付き合ってきた人間を損得で判断したことは一度もない。だいたい、この人と関わったらプラスになるかどうかなんて、前もってわかりっこない。その人と関わり続けて5年後、10年後にどういう関係性ができているかなんて、想像できるはずがない。

ぼくは独立してすぐのタイミングで、ONE OK ROCKという超有名アーティストのプロジェクトを担当させてもらった。でも、その仕事を振ってくれた人はもともとただの飲み友だち。というか、知り合ったのは合コンだった（笑）。

合コンで仲良くなってから5年くらい付き合いがあり、ぼくが独立すると伝えたら「たまには飲むだけじゃなくて、仕事してみようか」と言ってくれた。それが、そのアーティストの仕事。実は知り合ってからそのときまで、彼の仕事内容をほとんど知らなかった。

今の付き合いが未来でどうなるかなんて、わからない。だから、最初から損得で付き合う人を決めるなんて愚の骨頂。無駄な人間関係なんてひとつも存在しない。

「それにしたって、仕事の分野が全然違う人といくら交流しても、少なくとも仕事の役には立たない。無駄じゃないですか」という人もいるかもしれない。が、お前、何様なんだっけという話でしかない。いつだって「学び」の主導権は教える側ではなく、教わる側にある。あなたが、そこからは何も学べないと思ったらスタンフォード大学のゼミでも学べることはないだろうし、学べると思ったら居酒屋のバイトでも人生の大切な教えを身につけることができる。要は、教える人間や環境のクオリティではなく、教わる人間の姿勢が問われているのだ。学びの現場ではね。あなたがもし、本当の好奇心と向上心を持っていれば、どんな職種の人の話からも、何かしら学びがある。

以前、医師の友人から「バイアグラは、もともと血行を良くする薬から生まれた副産物だった」という話を聞いた。クリエイターとしてのぼくの業務には直接関係ないが、何か企画で使えそうな気がする。なんか、面白い。いつか、何かで、使えるかもしれない。このような、使えなさそうだけどなんとなく面白い小さな知識をぼくはいつもスマホのメモアプリにまとめている。企画のたびに見返したりするときもあるけど、基本的には記憶の定着のために雑にまとめている感じだ。

知らない業界や、一見非常識な話を、自分とは「関係ない」と思うか「面白い」と思うかで、世界の楽しみ方が変わってくる。浅はかな損得感情だけで人間関係を選別するのは、仕事の幅を狭めることでしかない。もっと言えば人生の味わいを損ねることになってしまう。

違う世界の「面白い話」は、いつか絶対役に立つときが来る。合コンで知り合った友人がふと5年後にビッグアーティストの仕事を振ってくれたように。

だから、仕事とプライベートは公私混同ならぬ「公私統合」であるべき。プライベートの人間関係は仕事に活かしたほうがいいし、仕事でできた知り合いとプライベートでがっつり遊びに行くのも、思う存分やっていい。というか、それが仕事なのだ。

「会うべき人間」になる前に会ってもしょうがない

最近では、SNSとスマホの普及によって、誰とだってつながれると、多くの人が錯覚してしまっている。そうすると出てくるのが「尊敬する人には、どんな手を使ってでも会う」という若手だ。ネット上でもそんな感じで息巻いている人は多い。正直怖い。一般的には「バイタリティのある若手」としてポジティブな印象を与えるのかもしれない。

実際は逆だと思うのだ。

博報堂時代、Aさんという超優秀で有名な先輩クリエイターが社内にいた。ぼくが5年目くらい、まだ若手の時分だ。周りから頻繁に「Aさんに一回会ってみなよ」「Aさんを紹介しようか？」と言われたが、ぼくは絶対に自分から会わないようにしていた。紹介も全部断っていた。

自分が会うべき人間になる前に会っても、しょうがないと思っていたのだ。

その後、一生懸命仕事を頑張って、7年目くらいでそこそこ社内でも知られる存在になった。すると、Aさん本人から「三浦くん、いろいろ話を聞いています。よかったら今度ご飯でも」とメールが送られてきたのだ。

ちなみに、指定された店は金沢の寿司屋だった。まだ東京から新幹線が通っていなかったので、7時間くらいかけて金沢に向かい、現地でAさんと合流して寿司を食べ、温泉に入って、朝まで飲んで仲良くなった。1分たりとも仕事の話はしなかった。

経験上、相手がいかにすごい人、いかに重要人物であっても、その人がぼくに頼みごとがあるとか、ぼくがその人にどうしても頼みたいことがあるとかでない限り、会っても何もいいことはない（だからぼくは、今でも「誰それを紹介しようか?」という申し出は、基本的に全部断っている）。

尊敬する人であっても、「ファン」として会ったら、関係はそこで終わりだ。漫画『BLEACH』の藍染惣右介《あいぜんそうすけ》の言葉を、ぜひ胸に刻んでほしい。

「憧れは理解から最も遠い感情だよ」

オンラインサロンの中毒性

人脈づくりの手段として、著名な実業家やブロガーが主宰する「オンラインサロン」に入るという選択肢が、ここ2、3年でかなり一般化した。友人が多くやっているのであまり大きい声では言いにくいが、オンラインサロンに入っている人たちは、もう少し自分の人生に自分なりのＫＰＩ（重要業績評価指標）を設置して向き合ったほうがいいとは思ってしまう。

その理由を説明しよう。

ぼくは第1章で「昭和は規模と国家の時代、平成は機能と企業の時代、令和は思想と個人の時代」だとして、個人の思想、美意識、理想みたいなものの価値が、改めて見直されていると説明した。「思想、美意識、理想」、これは言い換えるなら「物語」だ。今は熱狂に値する「物語」が求められている時代なのだ。

しかし、皆が皆、自分の物語を持っているわけではない。誰もがドラマチックな人生を歩んでいるわけでも、独自の考えで世の中にイノベーションを起こそうとしているわけでも、強大なコミュニティを主宰しているわけでもない。

そんなとき、誰か別の、魅力的な物語を持っている人にピッタリついていくことで、自分の物語を補完することができる。その機能を持っているのがオンラインサロンだというのがぼくの理解だ。

誰かが、旧態依然とした出版業界で、「おれはこの古臭い出版業界をアップデートするぜ！」と熱狂していたら、「あ、なんか楽しいな」と思う。彼について行けば「何かに向かっている気がするな」と感じる。だからその人が主宰するサロンに帰属することで、空っぽの自分が補完できる。快楽を得られる。

もともと自分の物語を持っている人、自分で自分に熱狂できている人は、他人の物語で自分の物語を補完する必要がない。しかし、そういう人は多くない。つまり、個人が自分で熱狂し、物語を紡いでいかなければいけない時代にもかかわらず、熱狂を見つけられない人たちは、誰かの熱狂にすがるしかない。その「誰か」が、オンラインサロンの主宰者＝教祖というわけだ。

それの何が悪いのか。自分の物語、自分の仕事で熱狂すれば、自分が働いた分、自分に影響力が返ってくるし、自分が働いた分、自分のスキルに返ってくる。でも、オンラインサロンの場合、自分が頑張って働けば働くほど、そこで得た信用や業績はすべて教祖に返っていく。

それにもかかわらず、多くのサロンメンバーはその状況に甘んじてしまう。自分自身に熱狂がなく、誰かから熱狂をもらわないと生きていけない体になっているから。一種の薬物中毒みたいなもの。

熱狂することで頑張れるのは脳から自前のアドレナリンが出ているから。脳内麻薬だ。

一方で他人の熱狂にすがるのは外部から脳内麻薬を補給するわけだから、やはり薬物中毒と同じ。どちらも脳内の化学変化によって自らを鼓舞するわけだけど、アドレナリンのほうが圧倒的に健康的。やっぱり自分でハイになったほうがいい。クリーピー・ナッツは『合法的トビ方ノススメ』という歌を歌っていたが、まさにそういうことだ。

人は熱狂しないと生きているのが楽しくないというのは事実。何もないくらいだったら誰かの熱狂に身を委ねたほうがいい、薬物でもスナック菓子でもなんでもいいから摂取したい。そんな気持ちは、わからないでもない。

ただ、それがサステイナブル（持続可能）とは思えない。一時期は隆盛を極めたものの、急速に衰退しつつあるサロンもあると聞く。平成の終わりに登場したオンラインサロンだが、令和に入ってそろそろバブルが弾け始めている。遠からず、耐用年数が切れるのではないか。

結局、自分自身が何かの主語になるしかないのだ。徹底的に主語であり続ければ、人とのつながりなんてものは、自然と生まれてくる。

パーティーは呼ばれるものじゃなくて、自ら開くものなんだ。

SNSで能力より先に影響力を持ってしまう危険

ぼくは第1章で、今は「既存のメディアよりもSNSでつながっている生活者たちの集合拡散力のほうがはるかに大きい時代」だと書いた。ただ、皆さんがSNSで影響力を高めていきたいと思うなら、心に留めておいてほしいことがある。

仕事のアウトプット量をSNSの発信量が上回ったら、ダサい。というよりも、ヤバいってこと。

自分自身の実力、発信すべき内容が伴っていないのにフォロワー数だけは増えてしまったツイッタラーやインスタグラマーが、〝インフルエンサー〟と呼ばれるようになってしまい、その影響力の使い方に困惑しているケースがあまりに多い。たとえば、ある女子大生が気軽に作成した動画が話題になり、あっと言う間に10万人以上、Twitterのフォロワーが集まってしまう。しかし、彼女は何かのプロフェッショナルではまだない。

この場合、彼女の価値は「珍しさ」でしかない。女子大生で、かわいくて、弁が立つという珍しさ。タレントでもなければ、職業クリエイターでもない。ただ「珍しい」ということにフォロワーがたくさんついてしまった。下手に影響力がついている。

彼女が「あのパン、おいしいよ」とつぶやけば、そのパンはバカ売れする。だけど、そのパンが本当においしいかどうかを評論する能力を、まだ彼女は持っていない。持っていないのに、下手に経済を動かすことができてしまう。当然アンチも生まれる。心無い言葉を浴びせられ、傷つくこともあるだろう。そういった声や、無自覚に動かしてしまった社会の波紋に対して、スルーする精神力も、一つひとつ対応するスキルもない。能力と影響力は違うものなのに、影響力だけを手に入れてしまうと、自分自身の影響力に食いつぶされてしまうことさえある。

たとえば、工場の生産ラインを十分確保していないのにテレビCMを放映したら、どうなるか。会社は潰れてしまう。CMを見た視聴者からの問い合わせと注文が殺到しているのに、肝心の商品を製造する体制ができていないからだ。結果、クレームの嵐で会社は評判を落とし、潰れるというわけだ。

今のSNSに起きていることは、これと同じ。「個人が能力を身につける前に期待値が上回り、影響力を先に持ってしまう」。実態のない、ガワだけで動く経済。これを人はバブルと呼ぶ。バブルはいずれ、弾ける。実力がないということが晒されて、社会的信用を失ってしまうこともある。

かつてなら、「博報堂で10年働いて三浦崇宏になりました」というように、時間をかけて実力をつけ、そののちに影響力を身につけるという正しいプロセスをきちんと踏めた。あのPerfumeだって、今の絶大な影響力を身につける前、膨大な練習によって実力をつけた時期がちゃんとあるのだ。だからこそ、長らくステージに立ち続けられる。

プロフェッショナルの最低条件は自分がなんのプロなのかを説明し、他者に納得してもらえるかどうかと言える。

能力を身につける前に、影響力を身につけてしまった人は、だいたい不幸になる。影響力を行使するのは自分が何か重要な存在になったような錯覚ができて楽しい。それが楽しすぎて、能力を身につける努力をしなくなってしまうこともある。能力を身につけるのは100%確実に苦しい作業だが、楽して影響力を身につけた人は、そんなつらいことには見向きもしない。

能力に見合わない影響力が膨れ上がり続ければ、何かの不測の事態、何かの炎上をきっかけに、その人は一気に潰れてしまう。

子供がショットガンを撃ったら肩を脱臼する。何かを発信するとき、その反作用に耐える足腰があるかどうかには注意しなければならない。十分に実力がつくまでは、あまり熱中してSNSはやらないほうがいい。これがぼくの結論だ。

自分から便器に顔を突っ込んで「くせえ」って言うな

少し前に、ある男性ユーチューバーが捏造炎上プロモーションを仕掛けて、大きな批判を浴びた。そのユーチューバーの事務所に所属する女性タレントが、その男性からセクハラ・パワハラを受けていると告発して大騒ぎになったのだが、すべて仕組まれた狂言。嘘だった。有名バンドとのコラボに関するプロモーションの一環だったのだ。

このことに関して、「冗談にしていいことと悪いことがある」「セクハラをネタにするなんて許せない」などと、皆が地獄のようにディスりまくった。それはそれで正しいんだけど、こんなくだらない、語るに値しないことを、いちいち真に受けて真面目に批判するの、やめない？　とも思ってしまった。

俗悪なおじさん向け雑誌の記事に、「あの女子アナ、おれならこう抱く。新橋のサラリーマン100人に聞きました」みたいなやつがある。そういうクソみたいな内容にニーズがあるかどうかは置いといて、大事なのは、そういうクソみたいな雑誌がクソみたいな記事を書いても、誰も怒らないということだ。相手をしても仕方ないほどくだらないから。

その男性ユーチューバーがやったことに対して大真面目に批判するというのは、クソ記事に対していちいち「いかがなものか」と大真面目に怒るのと同じ。正しいとか正しくないとかいう判断以前に、語るに値しない。我々と文化レベルが著しく異なっている〝謎の村〟の習慣について外野から大騒ぎするなんて、いろんな意味で自身の品性もレベルが落ちるから、やめたほうがいいと思ってしまう。

だいたい、そのユーチューバーは言及されることでPVなりリツイートなりを稼いで、バリューを上げている。バカに塩を送ってはいけない。良識ある我々としては、徹底的に言及しないことこそが適切な向き合い方だろう。

クソみたいなことにわざわざ首を突っ込んで文句を言うのは、頼まれてもいないのに自分から便器に顔を突っ込んで、「くせえ、くせえ」とわめき散らしているのに等しい。いいから、ほっとけよ！

我々が言及なんてするまでもなく、そういうクソは世界に一定の数、いる。いつの時代、どの国にも。だけど世界はそういうものを無視して運行している。そのことを、どうか忘れないでほしい。

ちなみに、そのユーチューバーの所業を「斬新なプロモーション、天才だ！」と褒めたツイッタラーも結構いた。こういう「バカを褒めるバカ」は問答無用でクソだが、問題はそれを目にした有識者たちが、訳知り顔で「こんなのを褒めるなんて最低だ」と言っていたこと。

ウンコに群がるハエも含めて、全部ほっとけよ！

ハエが群がっているだけなら、まだマシ。こういう事象に、先ほどの「能力の伴っていないインフルエンサー」が絡むと、目も当てられないことになる。

この捏造炎上プロモーションに対して、ある大学生のツイッタラーが、つい肯定的なツイートをしてしまった。しかしプロモーションが一斉批判されるに及び、彼女自身もめちゃくちゃ叩かれて、本人が精神的に疲弊して謝罪するに至った。地獄かよ。

もちろん、肯定的なツイートは良いことではなかった。なかったけど、一人の女子大生が、あんなによってたかって攻撃されて、二次被害的に炎上した。痛々しいにもほどがある。

「能力を身につける前に、影響力を身につけてしまった人は、だいたい不幸になる」って、こういうことでもある。

炎上は議論のきっかけ

「炎上」というと一様にバッドイメージが先行するが、そうとも限らない。実は「炎上」の正体が有意義な議論のきっかけであることは多い。

少し前に、銀座にある呉服店のポスターのキャッチコピー「ハーフの子を産みたい方に。」が「炎上」した。ポスター自体は約3年前のものだったが、同店がブログで紹介したところ、多くの人の目に入った。

要は、着物を着ている女性は外国人男性の受けがいいから結婚できる。そしてハーフの【美少年、美少女】を産める、という意味。

端的に言って、このコピーは全然良くない。だけど、あれをみんなが批判して起こったことの本質は、「炎上」ではなく「議論」だった。ハーフの人の気持ちも考えようよという議論のきっかけになった。あの瞬間まで、「ハーフはかわいくて当たり前」みたいなイメージが支配していたけど、ハーフの方からすれば、そんな決めつけは迷惑極まりないわけで。

これ、ぼくも共感できる。ぼくは見た目の体型がアレなので「デブプレッシャー」をよく受ける。会食に行くと「三浦さんって食うんでしょ」と、豪快食いしん坊キャラのイメージを押し付けられる。わりとお腹いっぱいなのに、あれは、つらい。

閑話休題。

で、その「炎上」を起点に、「〝ハーフ〟という別扱いのような言い方はいいのか？　日本特有の〝日本人 or NOT〟という差別的扱いではないのか」「着物を〝外国人受け〟の道具としてしか見ないのは、着物文化に対する冒涜《ぼうとく》では？」など、多岐にわたる議論が展開された。

これは前進だ。

悪いのは「炎上」という言い方だ。だって「日焼けした」を「肌が黒ずんだ」と言い換えたら、嫌な気持ちになる。結局のところ「ものは言いよう」という話に収斂《しゅうれん》してしまうわけだが、起きていることはただの「議論」なのに、それを「炎上」なんて言うから、悪いことのように受け取られる。「あのツイートが炎上した」と言うか、「あのツイートが議論のきっかけになった」と言うかで、印象がまったく違ってくる。

コピーライティングとしての「炎上した」という言い方は、抜群にうまいと思う。現象だけじゃなくて、ネガティブで当事者の失敗した……という心情が込められているから。

ただ、「炎上」と言ってしまうと、そこで思考が停止してしまう。思考が深まらなくなってしまう。これは良くない。

とはいえ、議論にならない「炎上」もある。

件《くだん》のユーチューバーは、問題を俎上に載せて議論しようという意識なんて、まったくなかった。だから批判があったときに、彼は何も答えられない。この問題提起によって別の視点を設定できたとか、セクハラ・パワハラされた人の気持ちを代弁した……といった自分なりの言葉を持っていないから、議論が生まれない。結果、単に「炎上」となった。

つまり、ある種の思想の一貫性や必然性があってつくられた主張は議論のきっかけになるけれど、それが空っぽだと世間からの反応を回収できない。結果、無限に炎上してしまう。

これ、企業の「中の人」がうっかりツイートで「炎上」する際にも同じことが言える。その企業に確固たる思想があり、それに沿ったツイートであれば、それは必ず、意義深い議論のきっかけになる。単なる「炎上」では終わらない。

そういった意味でも、ぼくが再三述べている「思想、美意識、理想」が、これまでになく重要性を帯びてくる時代に差し掛かっている。

ピンチ脱出・編

@TAKAHIRO3IURA

プレゼン直前に部下が完パケした企画をひっくり返すのって、けっこう覚悟がいる。嫌われるかもしれない、そもそも間に合うのか。でもそれを超えて「こいつならなんとかやり切るはずだ」という信頼で振り切る。上司にいきなりひっくり返された若手は、ムカつく前に信頼されている証だと思った方がいいよ。

職場の人間関係のトラブルのほとんどは、それぞれ働く動機が違うことが原因なんだよね。人によって「出世したい」「お金持ちになりたい」「顧客から感謝されたい」「消費者を感動させたい」「有名になりたい」……みんなが自分と同じ動機で働いてるわけではないことを理解した上で尊重してあげるんだ。

問題にぶち当たったときは思い出してよ。この世にどうにもならない事はない。たまにどうしたらいいかわからなくなるだけ。突破口は必ずある。大企業、クリエーター、アーティスト、アスリート、今まで色んなクライアントと仕事してきたけど諦めない奴は例外なく強いし結果を出すよ。もう一踏ん張りな。

商談や取材で、苦しい状況になったらあえて前に出ると事態が好転する。まさに「切り結ぶ　太刀の下こそ　地獄なれ　踏み込み行けば　あとは極楽」っていう宮本武蔵の言葉どおりですね!!

「危機」という言葉は危険の「危」と機会の「機」の二文字でできている。つまり、一見するだけでは単なるピンチでしかないけど、よく見るとチャンスがそこには隠されているっていうことなんだ。危機に瀕したら怯えて守るのではなく、冷静に、その中に潜むチャンスを見つけることを心がけてみてね。

危機的状況をなんとか乗り越えなくてはいけないとき、アレがあればよかったのに、みたいな感じで人はすぐ『無いモノねだり』してしまうが、そんなことしても仕方がない。それよりも『有るモノ探し』で自分の武器の使い方を考えたほうがいいよ。

向かい風を感じるってことは、前に進んでるっていうことだからね。不安どころか、むしろ安心していいと思うよ。前とか後ろとか、右とか左とか、全部相対的なものだからね、風がどこから吹いてこようとも、今、きみが見ている先が、目を向けている先が、前だ。

10000回挫折したら、10001回立ち上がればいいよ。最後に立ってたやつの勝ちだぜ。

イベントや撮影の時、台風が重なったら「いやぁ、嵐を呼ぶ男です」っていうし、台風が逸れたら「やっぱり、おれは天に愛されてる」って思うから、人生は捉え方次第だ。自分は最高に運がいいっていう前提で生きてるとあらゆるトラブルも人生にプラスの意味があると、前向きに錯覚できるからオススメだよ。

絶望している友人にしたアドバイスが
『その状況を楽しめよ。それが無理ならせめて楽しませろよ。いずれ楽しくなってくるから』
という前向きかつ無責任きわまりないやつだった。だけど、心から願うよ、人生を楽しんでほしいんだ。クソみたいな世界で、君までクソみたいな人間になる必要はないんだぜ。

怯えていること。不安であること。恐怖を感じること。それらは全部、あなたが勝負していることの証明だし、勝負している限り、それは正常なことだよ。

もしあなたが仕事で落ち込んでたり、ストレスを感じているとしたら。明日からまた一週間が始まるのは苦痛かもしれない。でもね、仕事のストレスは仕事で取り返すしかないんだ。南の島やディズニーランドにいっても、仕事がなくなるわけじゃない。だったら全力で向き合って正面から突破するしかない。

正岡子規は「悟りとは平気で死ぬことではない。平気で生きていくことだ」って言ったんだよね。人生にはトラブルがつきものだけど、毎回絶望してたって仕方ない。どれだけ深刻な状況でも人生ってそういうもんだよねって顔でヘラヘラしながら生きていくのだ。すみません人としてありえない寝坊しました。

できないことなんてひとつもない。あとはどれだけ時間と体力をそこにかけられるかだ。一日25時間の激務の裏で、週末と睡眠時間を削りきって副業で野外フェスをプロデュースしてるGOのプロデューサー田中を見て改めてそう思う。あなたがそれをできないのは、やらないから、やりきってないからなんだよ。

一生懸命に生きることは、それなりにしんどい。見たくないものも見なきゃいけないし、傷つくのは日常茶飯事だ。それでも、一年に1回か2回くらい、手を抜かないで、ちゃんと生きててよかったって思える日がくるよ。例えば、昔から憧れてた人と、思いっきり笑いながらうまい飯を食うみたいな夜がね。

『負け太り』という考え方がある。負けることから人生の物語は転がりだす。勝ってるうちは周りがついてくるだけなんだけど、いい負けは周りを巻き込む。人生で負けたことがある人、すなわちすべての人に。#格闘代理戦争の最後の試合、勝った選手も負けた選手も泣いていた。

努力をしないための努力をしろ

第 5 章

大海に
漕ぎ出すための
トレーニング

努力をしないための努力をしろ

ここからはさらに具体的に、大海に漕ぎ出すために必要な筋力をどのようにして培えばいいのか、そのトレーニング方法やノウハウについて、皆さんに知恵を授けたい。要は「努力の方向性」の話だ。

もっとも大切なのは「努力をしないための努力」だと言ったら驚くだろうか。これは「戦略」の話だ。

戦を略すと書いて戦略。つまり戦略とは戦わないで勝つ方法を考えること。ぼくはいつも、自分が挑もうとしている戦いからどう〝前向きに逃げて勝つ〟かということを考えている。

努力をしないための努力をすれば、どんな勝負にだって勝てるし、どんな仕事だって面白くなる。

「違う戦い方」で勝つ

GOのコピーライターに、慶應義塾大学在学中にうちにインターンとして参画して、そのまま新卒で入社した若者がいる。彼の受験勉強の方法がちょっと面白い。

彼が高校生の頃、家庭にそんなに経済的余裕があったわけではないので、塾や予備校の類いには通わせてもらえなかった。そこで彼のとった方法が、Yahoo!知恵袋とウィキペディアを使い倒すこと。Yahoo!知恵袋に「この問題のわかりやすい解き方を教えて」「これの暗記の仕方を教えて」と書いて答えをもらったり、ウィキペディアを読み倒したり。そうやって無料の集合知を最大限活用することで、慶應義塾大学に受かってしまったのだ。

最近の受験生はみんな「せーの」で一斉に塾へ行く。ということは、塾にかけられる経済力で勝ち負けがある程度決まってしまう。だからこそ、お金をかけられない人は、皆と同じ努力をしていては勝ち目がない。別の努力をする必要がある。これもまた「努力をしないための努力」だ。

多くの人は既存の、大前提としてある「ルール」の中で勝とうとする。しかし、忘れないでほしい。あらゆるルールには抜け道があるし、ルールは自分で新しく付け足すことも可能なんだ。

ぼくの大好きな漫画『キングダム』にも描いてある。戦場に出たとき、物量での戦いに応じてしまうと、兵隊の多い陣営にしか勝ち目がない。1万人の兵士に対しては1万5千人投入しないと勝てない。だったら敵との戦いを避け、留守のうちに城を盗むことを考えたほうがいい。

皆が金にものを言わせていい塾に通って競い合っている中、Yahoo!知恵袋を使おう。皆が必死に柔道の練習をしている中、別の格闘技のジムに通って皆の知らない技を覚えよう。そんなふうに、正面きっての戦いを避けて、いかに皆と違う戦い方を見つけられるかが、勝利の鍵というわけだ。

売れないミネラルウォーターを売る方法

博報堂時代、ミネラルウォーターの「い・ろ・は・す」という商品のプランニングに関わっていた。「い・ろ・は・す」が出たのは2009年。その前は「Aquatherapy MINAQUA（アクアセラピー ミナクア）」というブランド名だったが、「ミナクア」はまったく売れていなかった。

当時のミネラルウォーター業界は、国内だと「南アルプスの天然水」とか「六甲のおいしい水」とか、海外だとフランスで採水した「エビアン」とか「ボルヴィック」などいろいろあったが、結局は全部、「どこの産地で採れたか競争」だった。日本人は水に「おいしさ」だけでなく「安心」も求めるので、産地の打ち出しが効果的なのだ。

なので「ミナクア」にも、「どこどこで採れたおいしい水」みたいに産地名を入れましょうと提案したら、無理と言われた。理由は、「ミナクア」を出している日本コカ・コーラ社はボトラー方式と言って、国内の地域別にいくつかの異なる会社が製造しているため、採水地が異なっており、他社と同じように「どこどこの水」とは言えない。だから、他社と同じ戦い方はできない――。

そこで考えたのが、産地で勝負するのではなく「環境にいい」というまったく別の売りを作る方策だった。水道水でも普通に飲める日本で、わざわざ水を買う人たちは環境に対する意識が高い。そこを打ち出して「環境にいい水」という消費者ベネフィット（利便性）を中心に新しく打ち立てたブランドが「い・ろ・は・す」だ。ボトルには簡単につぶせる素材を採用した。

商品名は当時流行っていた「ＬＯＨＡＳ（Lifestyles Of Health And Sustainability（健康で持続可能な生活様式）」から来ている。くしゃっと潰れるボトルは面白がられ、結果、「い・ろ・は・す」は大ヒット。

こういった例は他にもたくさんある。クルマ業界で言うと、日産の戦い方がそうだ。数年前、どのメーカーも燃費の良さや安さを謳《うた》っていたとき、突然「自動運転」と言い出して、まったく違う領域に踏み込んで行った。


実はＧＯも「違う戦い方で勝つ」やり方を当初から実践している。クリエイターの質はどんな大手にも負けていない。しかし、伝統のある大手企業のほうが安定感や安心感はある。じゃあなぜＧＯが仕事を取れるのかというと、ＧＯは「変化と挑戦にコミットする会社」だと宣言しているから。規模や安定感では絶対に勝てない電博とは戦い方をまったく変えているから。「変化と挑戦」をしたいクライアントさんはＧＯに来てくれる。それでいい仕事ばかりが集まるようになった。

そういう意味でぼくたちは、「自分に都合のいいルール」をひとつ作ったわけだ。既存のルールに従う努力ではなく、ルールを新しく作る努力に集中したのだ。

ルールを変える、基準を変える戦い方のたとえとして、自分の脚力では絶対に勝てる見込みがなさそうなマラソンを想像してほしい。そういうときは「ヨーイドン！」と言われてから何も考えずに走り出してはいけない。走り出す前に周りを見回して、自転車かバイクが落ちていないかどうか探すのだ。人生や仕事にルールなんてあるようでない。常識は覆されるのを待っている。

「どっかに自転車転がってないかなー」。ぼくはいつもそう考えている。これが、努力をしないための努力だ。

アイデアは自分の「外」にある

アイデアの出し方をよく人から聞かれる。

「行き詰まらないんですか？」「アイデアが出ないことってないんですか？」

正直、行き詰まる。むしろ行き詰まらないことがない。

なぜなら、ぼくらの仕事は行き詰まってからがスタートだから。

ぼくらはクライアントに頼まれて様々な企画を考えるが、彼らは我々のところにたどり着く前に、どうすれば商品が売れるか、既に考えて考えて考え尽くしている。なのに、どれだけ考えても、どうにもアイデアが出ない。社内総動員して、死ぬほど考えたけど、浮かばない。そうなってはじめて、ぼくらに相談に来る。「もう行き詰まりました。お手上げです」と言いながら、背水の陣、一世一代の大勝負で、GOに賭けてくれる（と、ぼくは勝手に思っている）。

通常の広告を作るだけの仕事なら、別にGOじゃなくてもいい。電通だって博報堂だっていい。だけどぼくらを、GOを頼ってくれる。それくらい切羽詰まって、変わりたい、挑戦したい、そして成果を出したい！　と、一発逆転を狙って望みを託してくれる。

だから完全に行き詰まってからがぼくらの仕事の始まりなのだ。

アイデアが出ない人はいる。そういう人にまず知っておいてほしい考え方がある。アイデアが自分の中にあると思ってはいけない。「アイデアが（自分の頭から）出ないことはないんですか」という質問自体が、もうアイデアを誤解している。

アイデアは自分の「内」から滲み出てくるものではない。

たとえば、あまり売れ行きの芳しくないミネラルウォーター商品を、新しい打ち出しで売れるようなアイデアを出したいとする（今ちょうど手元にミネラルウォーターのペットボトルがあったので、マジでリアルタイムの思いつき）。

多くのビジネスパーソンはこのペットボトルを持ったり置いたりしながら、「あぁぁ〜、なんだろうな〜、この広告な〜、この水の広告をぉぉ〜、どうすればぁ〜、売れるかなぁ〜。なんかタレントを起用するかなぁぁぁ〜」と、もだえながら、机に突っ伏しながら、一人で考えるわけだ。

でも、これがもう間違い。いったんペットボトルを横に置こう。そして顔をあげてみよう。世界では何が起きているか?

今は夏で暑いなー、今年もすごい猛暑だよなー。熱中症で人がバタバタ倒れてるなー。運動部の高校生たち、大変だな。そう言えば高校の柔道部の練習のとき、クッソ暑い中なのに水飲むなって言われたなー。わけわかんねーな、あれ。なんだったんだろうなー。

ここで、「あ」とひらめく。

ペットボトルの水がだいたい100円くらいとして、全国に部活をやっている高校生が100万人いるとして、その100万人にミネラルウォーターを無料配布して頑張ってるやつを応援するキャンペーンはどうだろう? 若者たちが感謝の気持ちとともにSNSで拡散してくれるし、この取り組み自体がニュースとして取り扱ってもらえる可能性も高い。100円×100万人で1億円か。テレビCM打つより全然安いじゃん!!

アイデアは自分の「内」にではなく、常に「外」、つまり社会と、その商品やブランドとの「関係」の中にあるのだ。

この社会において、この商品やブランドは、一体どういう役割を果たすのか、社会を取り巻く状況の中で、どういうふうにやれば、生活者に役立つか、喜んでもらえるか。そういうことを考えると、自然にアイデアは出てくる。自分は有限だが、社会は無限。つまり原理上、アイデアは枯渇しようがない。

「ブランドの課題を解決する」と考えるのではなく、「社会の課題をブランドで解決する」と考えるのだ。

これに関連して、「世の中のことで、自分に関係ないことなどない」と考えてみるのも良い方法だ。ミネラルウォーターの話で言うなら、酷暑のことと、ぼくの柔道部時代の苦しい思い出はつながっていた。つまり、「酷暑に苦しむ高校生」はぼくにも大いに関係ある。

「働き方改革」「ＡＩ」「フェス」「ジェンダー」等、なんでもいい。世の中で流行っているもの、世の中で重要なテーマとして扱われていることが自分の人生にどう関係があるか、思いを巡らせてみよう。本気で当事者になって考えてみて、はじめて見えてくる景色も、生まれてくるアイデアもあるんだよな。

ニュースの見出しに注目する

外の世界、つまり社会と売りたいものとの関係の中にアイデアを見出し、それを掘り下げる。ちょうどいい練習だ。ニュースの見出しで語られているものと売りたいものを組み合わせてみよう。

今、手元のスマホでYahoo!ニュースを見てみる（ホントに見た）。「国民年金、3年ぶり赤字」と書いてある。ああ、お年寄りが増える一方なんだな。じゃあそんな増え続けるお年寄りに対して、ミネラルウォーターはどう使えるだろう？　水、水、そうだ、お年寄りは肌がカサカサに乾燥するよな。だったら「お肌まで潤う水」みたいなコピーにしたら、お年寄りの目に留まるかもしれない。

あるいは「山田孝之 Netflixに人集まる」とある（Netflixオリジナルドラマの『全裸監督』主演が山田孝之さん）。そうか、Netflixか。そういえば最近Netflix見てる人多いよな。じゃあNetflixの番組内にプロダクトプレイスメントでミネラルウォーターを登場させたらどうかな？

さらに「探査機のクマムシ、月で生存?」というニュース。そう言えば、月にミネラルウォーターを持ってったことってあるんだっけ? そんな広告を作ったら面白いかな、とか。以上3アイデア、ライブでお伝えいたしました。

アイデア、すなわち切り口は、見たもの、読んだもの、経験など、自分のアーカイブから組み合わせないと出てこないのでは? という意見もある。もちろん自分の中に知識や情報を溜め込むことも大事なんだけど、一番大切なのは、社会と売りたいものとの関係性に気づける〝視点〟なのだ。社会の動きに対する敏感さと言い換えてもいい。

アーカイブが必要になるのは、その次の段階。切り口をもとにして、実際に美しいものやカッコいいもの、面白いもの、愛されるコンテンツや表現に仕上げるため、つまりクリエイティブに落とし込むためには、たしかにアーカイブが重要になる。過去にどんなものをカッコいいと思って生きてきたか、どんなものを面白いと思って生きてきたかが、クリエイティブに活きてくる。でも、それはアイデアや切り口あってのものだ。順番を間違えてはいけない。

見た目に斬新なプロダクト、新規性のあるコンテンツだけど、なにか空疎な気がする、いまいちブレイクしないとすれば、それはアーカイブだけを重視して、〝社会との関係性〟が疎かになっているから。アーカイブを充実させるためにインプットに励むのは結構だが、それだけではダメ。時に顔を上げて、この社会のありように目を向けてみよう。

〝視点〟を増やす「カラーバス」

アイデアを出すための〝視点〟は、どのように培えばいいのか。そのトレーニング方法としておすすめしたいのが、「カラーバス」。これは博報堂の先輩である加藤昌治さんが『考具―考えるための道具、持っていますか？』という本で紹介している方法だ。

「カラーバス」は意識のセットから始まる。朝、家から会社に出勤するときに、街の看板やスマホの画面内などにある特定の色、たとえば黄色いものを見つけたらすべてメモしようと決める。すると、いつもは気づかなかったけど、世の中には意外に黄色いものがたくさんあるんだなと気づく。

すると次は、黄色いものの法則性が発見できるはず。黄信号や点字ブロックをはじめとして「注意してほしいもの」や「明るいイメージのもの」は黄色が多い。金融系のサービスが多いな、ウェブサービスも黄色が多くないか？　そう気づいたりもするだろう。

そして次にこう思い至る。「これは黄色でいいはずなのに、なんで黄色じゃないんだろう？」。メガバンクって金融だけど黄色じゃない、とか。

こうして思考がどんどん深まっていく。そもそも黄色には何の意味があるんだろう、何が黄色だったらもっといいんだろう。〝視点〟がどんどん研ぎ澄まされていく。

このように、なんらかの課題意識のような、ある視点を持って向き合うと、世の中の見え方が劇的に変わっていく。

課題意識をリアルに持っている人は「社会が今より良くなってほしい。良くなるにはどうすればいいか」を常に考えている。

たとえばぼくであれば最近のツイッターはヘイトに溢れていて、何かというと攻撃的、人の揚げ足を取って、得意顔で批判。この息苦しい感じ、どうにかならないかなぁ、とか思ってる。こんなふうにある社会問題の解決を目指す人々同士がそのスタンスの違いで喧嘩したりする始末。

あらゆる不条理な状況に対して、なんかこれ、もっと良くならないかなあと思いながら生きていくことが、すごく大事だ。毎日毎日、強く思う必要はない。「なんかちょっとイヤだなぁ」「なんでこうなんだろうなぁ」くらいの問題意識を持ちながら生きてみよう。世の中の見え方が変わる。

気づきや問題意識を持つためには、異なる視点を持っている人と交わることも大事だ。

たとえば、思いもよらないことで相手が傷つくことを学べる。知人にジェンダー周りの社会課題に対して取り組んでいる女性がいるが、その方と会話しているとすごく面白い。あるとき、その人が「仕事を徹夜でがんばった」という話を聞いて、「なんか男気あるところがいいね」と言ったら、「今それ、男気って言い方する必要ある？」とムッとされた。あ、そうかと。

「着物」の広告表現で炎上したケースに先ほど言及したが、社会に対する様々な視点を持つ方々と交わること、そして自分と違う立場の人に対する想像力を持つこと、複数の視点を自分の中に持つこと。多様性は社会の中ではなく、自分の中にこそ必要なのだ。

我々が悪気なく言ったり行ったりしたことが、思わぬ人の気持ちを傷つけてしまうことは、この世の中で少なくない。よかれと思ってやったことが、ある人にとって実はありがた迷惑だということも多い。

社会に対する〝視点〟を増やし、敏感になっていくことで、いいアイデアもまた生まれやすくなるのだ。

あらゆる物事を4象限で区切る

思考のクセとして身につけておきたいのが、「あらゆる物事を4象限で区切る」という型だ。これには情報を整理するためだけではなく、自分の価値判断の基準を明確にする機能もあるぞ。

まず【図1】を見てほしい。これは、GOがどんな仕事を選ぶかを決めるときに浮かべる4象限だ。軸は2つ。「儲かる」かどうかと、「社会に対する変化と挑戦」になっているか。

当然、「儲かるし、社会に対する変化と挑戦にもなる」という仕事（A）がベストだ。こういう案件は、問答無用で受けたい。

そして、こちらも当然だが「儲からないし、社会に対する変化と挑戦にもならない」仕事（D）は受けない。

じゃあ「儲からないけど、社会に対する変化と挑戦にはなる」仕事（B）と「儲かるけ

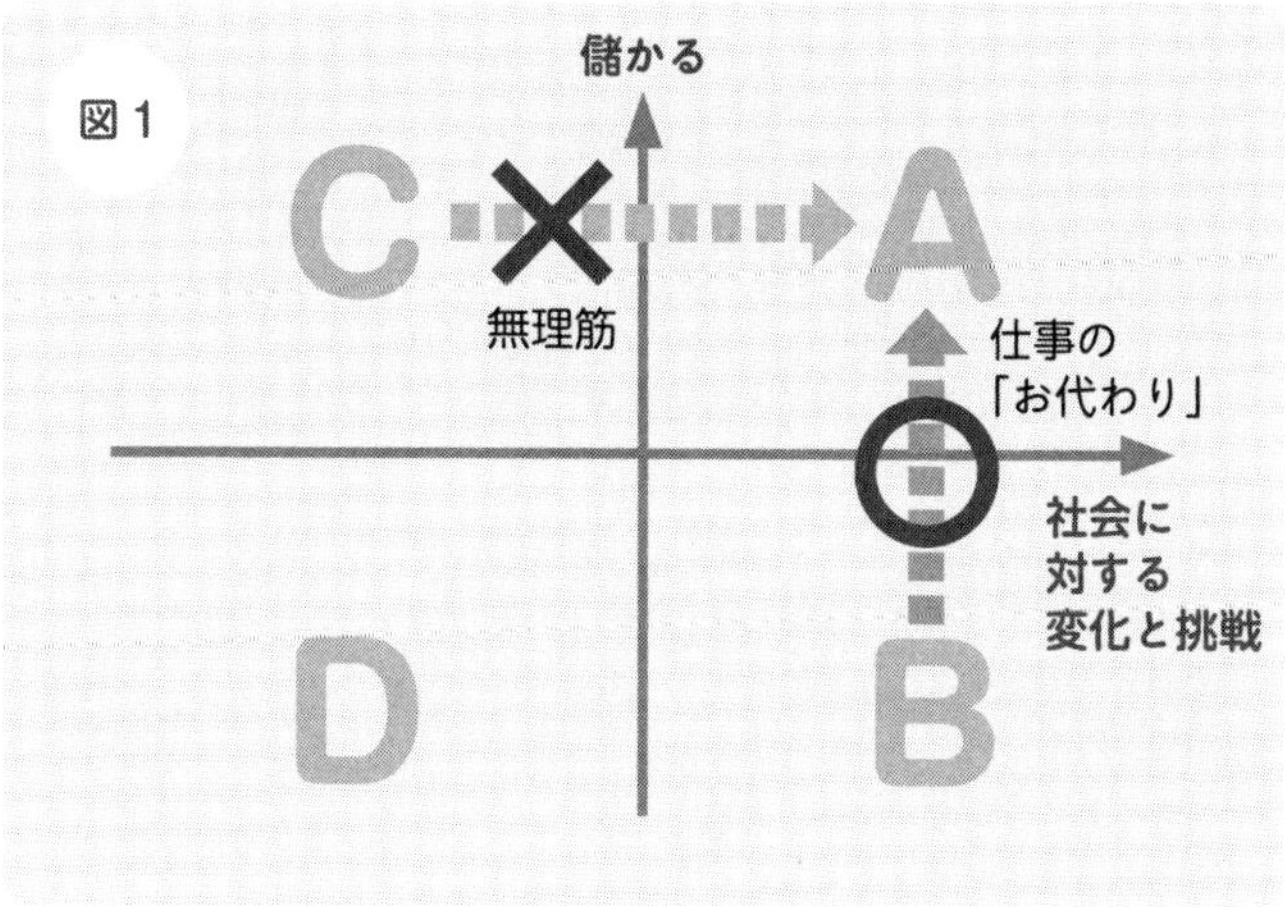
図1
儲かる
C
A
D
B
無理筋
仕事の
「お代わり」
社会に
対する
変化と挑戦

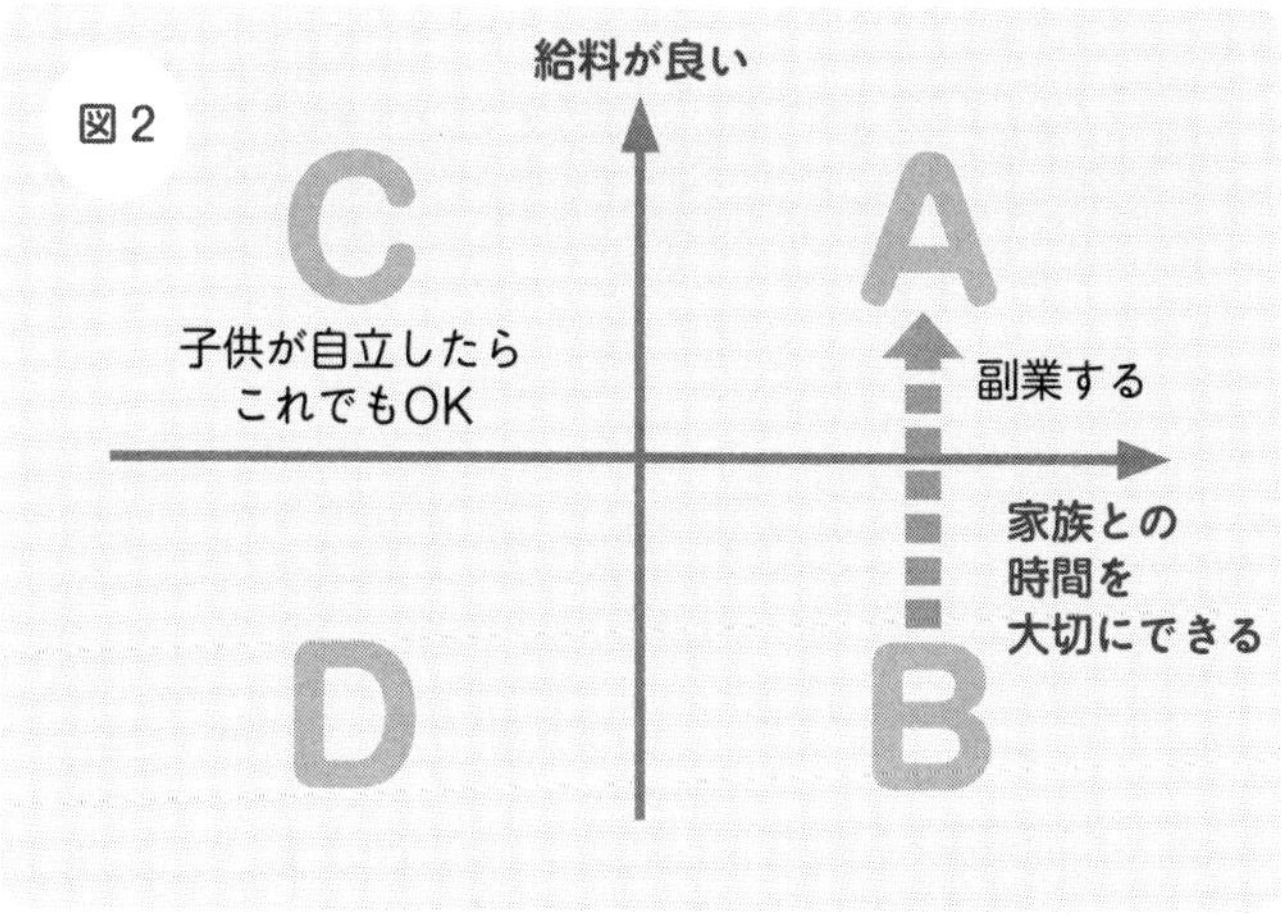
図2
給料が良い
C
A
D
B
子供が自立したら
これでもOK
副業する
家族との
時間を
大切にできる

ど、社会に対する変化と挑戦にはならない」仕事（C）だったら、どっちをやるべきか？

正解は、「儲からないけど、社会に対する変化と挑戦にはなる」仕事（B）。なぜなら、Bは「お代わり」が来るけど、Cは来ないから。

Bの利益が仮に100万円ぽっちだったとしても、その仕事に「社会に対する変化と挑戦」が含まれていたら、きっと話題になり、共感され、リピートで仕事が入る。1案件100万円の利益でも、それを10回受けたら1000万円。立派なAになる。

しかし、Cの仕事は経験上、1回こっきりで終わる。リピートがない。何より、もともと「社会に対する変化と挑戦」がなかった仕事を、後から「ある」ようにする（C→A）のは、相当難しい。「意義」は後から付加できない。だからGOは、Cの仕事は極力受けないようにしている。


次に、転職する際のことを考えてみよう。【図2】。自分の人生はどうなりたいんだっけ？と考えたとき、もっとも大切な軸を2つ挙げてみる。たとえば「給料が良い」かどうかと、「家族との時間を大切にできる」かどうか。

もちろん「給料が良くて、家族との時間を大切にできる」仕事（A）が最高だが、そんな募集はなかなかない。この2つは往々にして衝突するから。激務で働き詰めなら給料はいいけど、家庭に割く時間はなくなる。これが世の常。

「給料は良くないけど、家族との時間は大切にできる」（B）は勤務時間に自由がきくベンチャーだろうか。「給料はいいけど、家族との時間は大切にできない」仕事（C）は体育会系の超大手企業。

Bで毎日18時に帰れるとする。毎日家族と夕食がとれる。存分に家族と過ごしたあと、夜に得意な分野の原稿を書き、ライターとして副収入を得られるかもしれない。小さな会社をつくって起業できるかもしれない。そうしたら収入は上がるので、事実上B→Aにシフトできる。

しかしその十数年後、子供が大きくなって自立したら、もうあまり家族と過ごす時間が必要なくなり、むしろ老後のためにたくさん稼いだほうがよいと判断するかもしれない。そうなったときには、またこの4象限に戻って転職を考える。大手企業に再転職するという手もある。

人がなぜ悩むかと言えば、軸の決定に意識が向いていないから。無限に選択肢があるように見えて、実は重要な選択肢なんてそんなに多くない。自分にとって大切な選択軸を決定しさえすれば、漠然とした迷いは「比較検討する」「分析する」「予想する」「意思決定する」というプロセスに変えられる。

4象限で整理すれば、ほとんどの選ぶべきものがわかる。このパソコンを買うべきか、どこに引っ越すべきか、どんなパートナーと付き合うべきか……。

人生は短い。仕事に限らず、あらゆる局面において選択と集中が求められる。ゲーム的な感覚でもいいので、4象限で区切る練習を始めてほしい。

言語化だけが人生のたったひとつの武器

「言葉の力」で思い浮かぶのがiPhoneだ。iPhoneがなぜここまで世界中に普及したか。それはAppleがこのデバイスを世に出すとき、「Phone」つまり「電話」であると主張したことが大きい。

実際のiPhoneの本質は、電話ではなくパソコンだ。iPhoneは肌身離さず持ち歩いているけど、電話として使っている時間は実は短いはずだ。コンピュータを誰もが持ち歩けるようにしたのがiPhoneの功績。電話機能はいくつかある機能のひとつにすぎないので、本当は「電話」ではなく「ポータブルパソコン」とでも呼ぶのが正しい。

ただ、iPhone以前に持ち歩けるパソコンはたくさん発売されたが、どれも売れなくて撃沈した。「ミニコン」とか「ポケットPC」とか「PDA」とか。誰も、そんなの使わねえよと言って、一部の好事家以外は見向きもしなかった。

自動車の大量生産方式を発明したフォードは、「もし顧客に望むものを聞いていたら、彼らは『もっと速い馬が欲しい』と答えていただろう」と言った。自動車が発明されていない世界では誰も「自動車が欲しい」なんて言わない。Appleも同じ。本当は〝自動車〟であるポータブルパソコンのことを、〝早い馬〟すなわち電話に見せかけた。スティーブ・ジョブズは「めちゃめちゃ便利な〝電話〟です」と言った。だから皆、買ったのだ。

iPhoneのイノベーティブな価値は、当然あの素晴らしいデザインにあるが、それと同等かそれ以上にネーミング、つまり「言葉」のデザインにもあったのだ。

iPhoneは「言葉の力」によって、世界的な大ヒット商品になった。

言葉のセンスが悪いやつがiPhoneを宣伝したら、きっとこんな言い方をする。「最先端のパソコンが、こんなに小っちゃくなりました。なお、電話もできます」

2020年の社会は、こんなふうにはなってなかっただろうな。

言葉は人を救う。言葉は人を激励する。お金やエナジードリンクなんかよりも、「言葉」は人を動かす。何にも代えがたい、そしてもっともコスパのいい武器だ。

もっと言うと、ビジネスで大事なのは「情報を共有すること」。目標を共有するのは当たり前だし、担当ごとの進捗、クライアントの反応や要望、仕事を終えてからの反省点もすべて共有しなければ、そのプロジェクトの成功は遠い。

現場実務が伴わない経営者の場合、なおさらだ。経営者である自分、クライアント、社員、株主といった人たちとの間での情報の共有そのものが、仕事の中で大きなウェイトを占める。そして、それらの情報の共有はすべて言葉によってなされる。

人間が他人と何かを共有するための唯一のツールが言葉だ。一方で、視覚や体験はそのまま他者と共有できない。

たとえば、ぼくがある世界的企業の社長と会食し、すごく感動して、GOもグローバルな会社になりたいという熱い想いを抱いたとする。彼のオーラや情熱に感化されたこと。連れて行ってもらったレストランが素晴らしくて、こういうところに日常的に来られるような人間になりたいと思ったこと。彼の着こなしが、高級品ではなくてもすごくカッコよかったこと。視覚をはじめとした五感すべてで取り込んだそういう無限の情報は、そのままでは他者とひとつも共有できない。

これを他者と共有可能にするためには言葉が必要になる。世界に溢れる無限の情報量を圧縮して、言語化する。

しかも言葉の運用にはいっさいお金がかからない。社長に講演していただくのには1回100万円とか言われちゃうかもしれないが、「彼と飯を食ったことは、ぼくにとって『キングダム』の信と王騎がはじめて会ったときと同じ状況なんだ」と言語化すれば、そこでぼくが受けた「圧」のイメージは共有できる。しかも言葉は書くだけでなくリアルタイムで話せるから、伝達手段としては最速なのだ。

GOでも言葉を重視している。社員には「資料はカッコ悪くてもいいから言葉を正確に使えよ」と言っている。社員のモチベーションを上げるため、経営目標は数字ではなく言葉で伝える。これは第1章「『数字の経営』ではなく『言葉の経営』を」でも説明したが、「売上目標を昨対140％！」とか言ってもなかなかモチベーションは上がらない。「日本のすべての変化と挑戦を応援しようぜ」だったら、「頑張ったら、そこに自分の未来があるな」と思ってもらえるかもしれない。

花屋が、「日本中で花を飾る家を増やそう」とか「母の日に花を送って、日本中でお母さんがため息をつく回数を減らそう」だったら、頑張れる。「日本中で孤独な経営者を減らそう」「日本中のお父さんが毎回、必ず子供の授業参観に行ける社会を作ろう」だったら、やる気も出るだろう。

集団のモチベーションを高めるにはビジョンの共有が必要だ。しかし、ビジョンは数字では作れない。言葉でしか作れない。「ビジョン」と言うからには視覚だが、共有できない視覚の代わりに、映像化しやすい言葉に変換する。「ため息をついているお母さん」や「参観日に行くお父さん」の画はすぐに浮かぶ。成功イメージが脳に浮かびやすい言葉は、やはり強い。

言葉を大事にすべきなのは経営者だけに限らない。自分がもし部長だったら、どういうチームを作りたいか。部下に対してどんな人間になってほしいのか。部下の立場なら、どう成長したいのか。新入社員に「年間1億円の売上を叩き出せ」と言い放つのは簡単だけど、それよりも「2年後、会社の中で一番『ありがとう』と言われる人間になってほしい」と言ったら、彼のやる気は全然違ってくるはず。

人を動かす際には、言葉こそがもっともコストパフォーマンスが高い。そういう意味でも、言葉こそビジネスにおける最大の武器だと言える。何が言いたいかというと、『言語化力』も読もう、ということだ。

「代案なき否定」は悪ではない

もちろん、鼓舞するだけが言葉の効能ではない。時に「違和感の表明」や「異議申し立て」を言葉でしなければならないこともある。

ただし、誰かの意見を真っ向から否定するのは角が立つ。そこで効果的なのが、たとえ話だ。

超優秀な社員が組織のルールに縛られて持ち味を活かせていないなら、「めっちゃ気をつかって街を歩くゴジラ」。組織内で実力のないポンコツに決裁権を与えようとしていたら、「オランウータンに核ボタンみがいてもらうよりヤバイ……」など（前者は博報堂時代にぼくが同期から実際に言われた言葉、後者は漫画『行け！稲中卓球部』から引用）。

たとえ話と並行して、否定するときにはその違和感を必ず言語化する必要がある。知恵を尽くして、あらゆる技術を尽くして、違和感を言語化する。それがチームに対する誠意であり、責任でもある。「なんか違う気がする」の「なんか」を、とことん因数分解して言語化することが大事なんだ。

なおぼくは、「代案なき否定は悪」とは思っていない。中途半端な代案を出すくらいなら、言語によって違和感を具体的に伝えることに時間と頭を使うべきだ。

代案なき否定を禁止すると、議論が活性化しない。「代案がなきゃ発言するな」。そんな空気で会議がシーンとなった経験はないだろうか？

チーム内で異議すら唱えられない息苦しい空気になるほうが、よっぽどヤバい結果を招く。皆が皆「なんか違うんだよなあ」と思いながら、はっきり物が言えない風土が会社にあると、商品やサービスがダメなままで世に出てしまう。

ぼくは、なんか違うなあと思ったら、すぐに言うし、ぼくに対しても逆に言ってほしい。ただ、それが成立するのは、チームのメンバーを信じていればこそ。「お前らなら、もっとできるだろ」と信じているからこそ、遠慮なく違和感を表明できる。

「なんかわかんねえけど、もっと、なんだろうな、なんかもっとさあ、お前ならいけるんじゃないの？」とぼくはしょっちゅう会議で言っているし、GOのメンバーはちゃんとそれに応えてくる。誇らしいよ。

「考える時間」を大切に

GOではプレゼンに向けて、対面での社内の企画打ち合わせは基本2回までというルールを設定している。こまごましたことはチャットですませるように。あとは、基本どのプロジェクトもクリエイティブディレクターとビジネスプロデューサーを中心に少人数のチームで対応する。

大抵の広告代理店は、ひとつの企画ができあがるまでに10人で5、6回とか集まって話している。それがムダだったりする。そんな時間があるなら企画を考えることにもっと時間を割いたほうがいい。

社内ではGoogleカレンダーでメンバーの予定を共有しているが、「企画を考える時間」を予定に入れることをルール化している。それは当然のことで、ぼくたちの商品は資料ではなく、思考だから。

たとえば、予約したケーキを取りに行ったときに「お客様のケーキを作る時間に、別のケーキの注文を受けていたので、まだできあがってません」って言われたらどうだろう？

だから一人で考える時間こそが一番の仕事になる。そこはブロックしておいて、集中できる状態を確保すべきなのだ。

メンバーが「仕事の意義」を感じられるとチームのパフォーマンスは上がる

プレイヤーとして一人で考える時間をつくることも大事な一方、やっぱり「いいチーム」にならないといいアウトプットはつくれない、これは真実だ。

ぼくのマイメンのグッドパッチというデザイン会社の土屋社長が「偉大なプロダクトは偉大なチームから生まれる」というパンチラインを残している。

たとえば、プロジェクト単位のチームワークはもちろん、同僚の案件が忙しかったら手伝ってあげるとか、落ち込んでいる人がいたら声をかけてあげるとか、チームの中でそういう気持ちのパス回しが多いチームはいいチーム。

優秀な人が集まればいいチームになると思うかもしれないけど、実際はそんなに簡単なことではない。自分たちがひとつのチームであることに誇りややりがい、何よりもチームへの愛を持って頑張れると、やっぱり一人ひとりのアウトプットも圧倒的に変わってくる。

なぜか？

人間は、他人のためにしか本気を出せない生物だからなんだよな。

人って、一人ではどう頑張っても100%の力までしか出せないのに、他人のためになった途端、120%の力が出せたりするものなんだ。これは太古、人類が他の動物から特別に進化したときに、脳が身につけた機能なんだけど、他者と協働するときにポテンシャルが発揮されやすくなる。この脳の機能がチームワークを生み、協働作業によって大きな仕事を成し遂げられるようになった。かつては自分たちよりもはるかに強大なマンモスを集団で狩り、稲作によってムラ社会を作った。ぼくたちの脳は他者と協働し、他者のためにによりポテンシャルを発揮する構造を持つことで、地球史における今の支配的なポジションを手に入れたのだ。

だから働く意味や目的を自分の外に置いてあげるのは、チーム全体のパフォーマンスを上げる上ですごく重要なこと。

たとえば、GOでは毎週月曜日に、メンバー全員を集めて売上や利益を開示するようにしている。これも「うちの会社の成長が社会においてどういう意味があるのか」「なんのために自分が働いているのか」を意識してもらうためにやっている。

ＧＯには「社会のあらゆる変化と挑戦を支援する」というスタンスがあるから、売上が20億円だと言われたら、「自分たちは20億円分社会に変化と挑戦を生んでるんだ」と思える。みんな、自分が正しいと思ったものにしか全力を出せないのだ。

「おれたちのやっていることは間違っていない」という、組織の信念というか、ある種の宗教をみんなで信じることがスピードやパフォーマンスを上げていく。

企画書のカッコよさにこだわるな

カッコいい企画書って、必要だろうか？　大手の広告代理店では、クライアントに提出する企画書を15人で30日間もかけて作ったりしていた……。そんなに時間をかけて企画書を作るヒマがあったら、もっといいアイデアを出すために頭と時間を使ったほうがいい。

超大作の企画書は必要ない。企画書に書くべきなのは、この企画の実行以前と以後で、何がどう変わるのかだ。ぶっちゃけ、企画自体が面白いかどうかなんて、わからない。だけど「変化を起こせるのだ！」という強い意志は自信を持ってはっきりと書くべき。これが「ビジョン」だ。

GOが手掛けた2つの事例で説明しよう。

ひとつめは、ケンドリック・ラマーの来日を報じた黒塗り広告。不都合な内容を隠す際に利用される黒塗り文書の上に、扇動的な「DAMN.（クソが！）」の文字。ここには、政治的・社会的圧力に対する異議のスタンスが表れている。

ぼくらはこの広告で、ラッパーとして世界ではじめてピューリッツァー賞を受賞した彼を、あえて「世界最高のミュージシャン」ではなく、「2018年現在、世界の最重要人物」だと捉え直した。彼には音楽分野での功績に留まらない存在感がある。ここでケンドリックの価値に〝変化〟を促した。

もうひとつが、メルカリの「折り込みチラシ」だ。

ネットベースのフリマ仲介サービスであるメルカリのチラシを、あえて「地元のスーパー」風のデザインにして配布した。なぜなら、若年層が買い物手段として圧倒的に利用しているメルカリのライバルはヤフオク！　でも楽天でもなく、スーパーのイオンであると定義したから。このチラシ施策を行うことで、メルカリを単なる「フリマアプリ事業者」から「日本最大の買い物プラットフォーム」へと〝変化〟させた。

GOが手掛けたケンドリック・ラマー来日〝黒塗り〟広告

DAMN.
ケンドリック・ラマー来日決定!!
#ケンドリック来日

お買い得価格で売り出し中!
ター大特集!
24時間営業中
今すぐダウンロード!
メルカリ
検索
大活躍のアイテム満載!
Men's
Kids'
メンズダウンジャケット
¥333など
キッズロングコート
¥500など
冬のキッズスペシャル!
メンズマウンテンパーカー
¥500など
メンズスカジャン
¥1,000など
キッズジャンパー
¥300など
キッズブルゾン
¥300など
タルコーデ!
ンズカジュアルシャツ
¥1,500など
人気アイテムから限定品まで大充実!
バッグ
¥1,500など
ニット帽
¥300など
ンズブランドデニム
2,500など
メンズニット
¥300など
バックパック
¥1,200など
ベルト
¥300など
内で売買されたものではございません。●掲載商品は売却済みの商品のため、同一商品を購入することはできませんが、類似商品は多数出品されております。

GOが手掛けたメルカリの〝チラシ〟広告

mercari
今欲しい!
ファッションアイテム
冬本番!
Lady's
冬のおしゃれを、賢くおト
レディース
ブランドロングコート
¥12,500など
大人気のあの商品も!
レディース
ブランドジャケット
¥6,290など
レディース
Lady's
キレイめも、カジュアルも!
レディース
ブランドワンピース
¥6,300など
レディースニット
¥400など
Men's
おトク
メンズ
ブランドジャケット
レディーストレーナー
¥300など
レディースパーカー
¥300など
レディーススカート
¥500など
レディースパンツ
¥300など
メンズパーカー
¥300など
●掲載商品はメルカリ内で実際に売買された中古品(未使用品を含む)の一例です。画像も出品者によって撮影されたものです。

企画書は社会変化のきっかけだから、単なる紙だが、単なる紙ではない。何百億円以上の価値がある。

どんなにカッコよくレイアウトされた企画書でも、この企画によって何がどう変化するのか、目指す場所が見えてこないならば意味はない。〝どう変化させたら課題が解決するのか〟が見えていないならば、それはただの燃えるゴミだ。

「モテない」ことで悩む友人からの人生相談にたとえよう。もし彼の抱えている課題＝モテない理由が「収入が低いこと」なら転職を考えればいい。「顔が悪いこと」なら整形すればいい。「背が低いこと」ならシークレットブーツを履けばいい。「優しくないこと」なら人間的に鍛え直す。

これらが見えていなければ、闇雲に声をかけたり、飲み会に参加したりしても意味はない。一生モテることはない。その意味で、企画書をカッコよくする必要はないが、その価値、つまりどんな変化を起こすのかをわかりやすく説明するためには細心の努力を注ぎ込むべきだ。

企画書はパンチラインを残せるか

ラップバトルの世界では「パンチライン」という言葉がある。たった一言で勝敗を決してしまうような強い言葉のことだ。実はプレゼンや企画書においても、本当に大事なのは、このたった一言で相手の認識を変えるための「パンチライン」があるかどうかだ。1時間なり30分なりのプレゼンの中で、たった1行だけパンチラインを相手の頭に残せれば、その企画は「勝ち」。ぼくは企画書でパンチラインをひねり出すのに一番注力するし、企画書の中ではこの部分が最初に思い浮かぶ。なので、企画書におけるパンチラインの前後のパートは、パンチラインを納得させるプロセスとも言える。

だから、もし企画書をパワーポイントで作るのなら、スライド1枚目から順番に作っていくのは大きな間違い。パンチラインのページを先に作って、その前後を肉付けしていくといい。

企画することと企画書を作ることは、まったく別もの。まずパンチラインのアイデアがあり、それを納得してもらうために企画書という形で整理する。世の中の人はこれが結構ごっちゃになっていて、企画書を作るためにいきなりパソコンの前に座ってパワーポイントを開く人もいるが、それが良くない。パソコンは調べ物と資料作りをするツールであって、思考するツールではないんだ。

あ、最後にもうひとつ。企画書に「創出する」とか「醸成する」とか「訴求する」みたいな頭良さそうな言葉を使うのって、ほんとうに頭が悪そうに見えるから気をつけてね。

共同代表の奥さんを説得する

人と円滑で意義のあるコミュニケーションを行う力、「コミュ力」を磨きたいという人は多い。では磨くべきコミュ力とは、具体的には何を指すのか。

ぼくの考える「コミュ力」は、大きく「聞く力」と「話す力」の2つに分かれていて、それぞれが2つの要素で構成されている。

【コミュ力】

A. 聞く力

A-① 相手の話を聞いていると思わせる力
A-② 相手の真意を推し量る力

B. 話す力
B-① 意思を的確に伝達する力
B-② 自分の言っていることに相手を従わせる力

順に説明しよう。

「A-① 相手の話を聞いていると思わせる力」

これは、「なるほど」や「うん」といった相槌をちゃんと打って、「おれの言うことを聞いているな、おれのことを考えてくれているな」と思わせる力だ。

デスクにいて誰かから話しかけられたとき、パソコンの手を止めずカタカタやりながら相槌を打ったり、視線が別の方向に外れたりしていると、話すほうのテンションはどんどん落ちていく。本当に聞いているか聞いていないかは別として（笑）、「傾聴感」を出して相手を気持ちよくさせることが大事だ。

「A-② 相手の真意を推し量る力」

これは、相手の言葉を額面通りに受け取るのではなく、本当はどう思っているのかを見極める力だ。

たとえば、GOの誰かがぼくにアイデアを提出して「いいのができました！」と言ってきたとしても、よく見たら目が泳いでいる。これは全然自信がなさそうだと察する。あるいは、ある提案に対してぼくが全部NGを出したとしても、「三浦さん、たぶん今回はいいとか悪いとかじゃなく、おれの気を引き締めるために、全部NGって言ったな」と部下が察する。こんな感じのこともある。

「B-① 意思を的確に伝達する力」

これはシンプルに、真意を言語化する力だ。言葉の力がいかに大事かは、先ほど説明した。

「B-② 自分の言っていることに相手を従わせる力」

これは、相手に自分の望んだ行動をとらせる力だ。当然、妥協案や折衷案を見つける力が含まれるが、事例を聞かせるのが早い。GOを設立するときに、共同代表の福本の奥さんをぼくが説得した話だ（笑）。

彼は乗り気だったが、会社の将来のビジョンを「三浦の口から妻に説明してほしい」と言った。

当時の彼は電通勤務で家族持ち。子供もいた。超大手広告代理店を辞めて起業するのは、たしかに家族の説得が必要だ。

彼の家に行き、奥さんに会った。ぼくはGOがいかに従来の広告会社と違うかを熱弁し、彼も三浦はカンヌ広告フェステバルで賞を獲っていて……などと一生懸命説明してくれた。が、ぼくは途中で気づいたのだ。奥さんはぼくたちの話なんて、まったく興味を持っていないことに。

それで、ぼくは方向転換した。

「奥様は広告やメディアビジネスをやられたことがないので、わからないかもしれないんですけど、彼が電通で10年働いたということは、社会的な信用が絶大なんです。で、電通を辞めてGOに参画しても、その経歴から生まれる信頼は変わりません。GOはこれからすごく儲かる予定なので、年収が今の10倍くらいになる可能性があります。

ただ……もし会社を3年続けてぼくらの給料が元いた電通や博報堂より安かったら、会社は畳もうと約束しています。その上で、GOがなくなったとしても、電通で10年働いていたら、どこのテレビ局でも採用してくれます。で、テレビ局は電通と給料は変わりませんから、結果、彼の年収が著しく落ちるということは、未来永劫ありません！」

すると奥さんはつきものの取れたような顔で言ってくれた。

「彼をよろしくお願いします」

奥さんに納得していただくのに必要だったのは「GOのビジョン」ではなく「収入の保証」だった。それに気づき、即座に方針転換したのが成功要因であり、「B-② 自分の言っていることに相手を従わせる力」をフルに使った。

これに限らず、大手の企業からスタートアップに転職してもらうときは同じだ。大抵の人は、最初は気が進まないと言うが、なんでイヤなのと聞くと、「今の会社で挑戦したいことがある」と返されがち。

でも、それは絶対本心じゃない。「そんな聞いたこともない会社、行きたくねえよ」と思っているのにぼくの手前言いにくいのか？　提示された給料をもっと吊り上げたいと思っているのか？　そういった本心をちゃんと汲み取り、こちらの意図に相手を従わせるわけだ。

本物の野菜から野菜ジュースを作れ

とはいえ、コミュ力を構成する4つの技術を同時に鍛えるのはめちゃくちゃ大変。実は、ものすごく手っ取り早い方法がある。要はあなたの最終目的は、他人と密にコミュニケーションを取りたいってことだよね？　であれば、「どうしても聞きたくなるような話」を手に入れればいい。

もし、いつも話のつまらないやつが、あるときこんなことを言い出したらどうか？

「昨日マッチングアプリで知り合った女性が、超有名アイドル●●だったんだよね」

皆、作業を止めて、「え？」「あのグループの？　マジで？」となる。そいつがどんなに話ベタだとしても、とりあえず聞き耳を立てる。そして声をかけた結果どうなったか、聞きたい。

芸能人と出会うなんて現実感がない？　じゃあ、これはどうだろう。

「こないだ、プラダとアディダスがコラボして、すごい行列ができてたじゃないですか」

「できてたね」

「ぼく、あれに並んだんすよ」

「へー！　どうだった？」

となる。芸能人と遭遇するのと違って、並ぶなら誰でもできる。

実際、会議の席では発言者に「有名人バイアス」や「専門家バイアス」がかかるので、社内で名を馳せている社員の話はたいして面白くなくても聞かれるし、何か特殊分野のプロの話も、珍しがって聞かれる。

しかし、まだ名も知られていない、なんのプロでもない若手の話はなかなか聞いてもらえない。インターンの大学生が「あの、ぼくは……」と言いかけてもなかなか話を聞いてもらうのが難しいこともある。

でも、もし大学生の彼がこんな話をしたらどうか？

「ぼく、野菜を食うのが嫌いなので、先月1ヶ月、試しにずっと野菜ジュースだけで栄養とってたんすよ」

会議室の全員が言う。

「おいマジかよ！　体どうなった！　大丈夫かよ！」

一瞬にしてその大学生は会議の中心人物だ。

野菜ジュースだけだと健康に不安なら、こんなのはどうだろう。

「この野菜ジュースに成分表がついてるじゃないですか。ほうれん草とリンゴとブロッコリーとレモンと……って。だからぼく、その野菜と果物全部買ってきて、ジューサーで全部混ぜたら、これとホントに同じ味になるかどうか、実験してみたんですよ」

絶対聞くでしょ、「で、どうだった？」と。だって、結果知りたいもん。

知識や経験を持たない人間でも、現場に行って実際に手なり足なりを動かして、自分だけの経験を手に入れれば、会議での発言権が持てる。最初は「まどろっこしいな、ダラダラ話すんじゃねえよ」とか「もっと面白く語れないのかよ」とか、ツッこまれるかもしれないけど、10回もやれば必ず話も上手くなる。場数を踏めば踏むほどコミュ力は自然に培われる。芸人が「板の上で鍛えられる」ようなもの。

人に話して興味を持たれるような特別な体験は、めちゃくちゃお金がかかるか、めちゃくちゃ時間がかかると思われがち。海外の秘境に行ってきたとか、超高級料理を食べたとか。しかし、意外とそうでもない。必要なのは、ちょっとしたチャレンジ精神だ。

ちなみに、話上手というところで言うと、ぼくがNewsPicksの講義で好評だったり、イベントの司会が異常に上手くて「芸人だったんですか?」とよく言われたりするのは、博報堂時代にプレゼンと打ち合わせの回数が人並み外れて多かったから。世の30代のビジネスパーソンの中で比べたら、次元の違う回数をこなしている。

ただ、ひとつ注意を。これは自戒も込めてだが、「プレゼンが上手い人」になったら終わり。経験上、「プレゼンが上手い」と言われている広告クリエイターのほとんどは自分に酔っているだけ。話術は面白くても、やはり底の浅さ、中身のなさが透けて見えてしまう。

だからその意味では、立て板に水のようにしゃべるより、多少不器用なほうがいい。

「今朝、野菜ジュースを飲んでおいしかった」という話を、ぼくは面白そうに空想でしゃべることができるが、やはり野菜ジュースを本物の野菜でいちから作ったインターンの大学生にはかなわない。

話術より先に、どうしても聞きたくなるような話を仕入れてみよう。

気を遣って「奇襲」せよ

ビジネスには気遣いが必要、と言って反論する人はいないだろう。ただ、ぼくが思う「気遣い」は、へりくだるという意味ではない。「気遣い」の本質は、相手の感情を想像しながら細かく先手を取り、「状況をコントロールすること」にある。

目的は状況のコントロールだから、方法は問わない。相手が自分の意見を肯定してくれるよう、あえて下手《したて》に出てもいいかもしれないし、逆にものすごく生意気に言ったほうが有効なときもある。

ぼくは先日、あるとても偉くて怖い人との交渉の席で、ものすごく丁寧な口調で、かなり無茶なことを言ったところ、さんざん詰められ、怒号まで飛ばされた。そして打ち合わせ終了の時間。ぼくは満を持してこう言った。

「でも、ぶっちゃけ、やっぱり感情的にイヤなんですよ、ぼくも。こういうことされるのは」

するとと先方は、ニヤリと笑って「しょうがねえな」と折れてくれた。

これ、一見してぼくが気を遣わないで幼稚っぽく感情を口に出した結果、たまたま良い方向に転がったように見えるよね？

でも、違う。ぼくは狙っていた。最後の最後に、自分の感情を素直に言うことで、そこに帯びるかわいらしさも含めて、効果を狙ったのだ。交渉を有利に進めるべく、場の主導権を握るべく、徹底的に配慮した結果が、この「気を遣い尽くして、耐えられなくなって、最後の最後、気持ちまで裸になったようなふるまいで、相手に折れてもらう」という狙いだった。

逆説的だが、「気を遣う」というのは「配慮に基づいた、気の遣わなさ」も含めて「気を遣う」ということになる。

繰り返すが、「気を遣う＝へりくだる」ではない。「この人はタメ口で話しかけたほうが嬉しいかもしれないな」「この人はちょっと生意気なことを言われたら、喜ぶんじゃないかな」などと無限の選択肢がある中で、適切なものを選び、相手を気持ちよくすることによって、結果、自分に有利な状況を生み出す。そのためにあらゆる工夫を積み重ねる。あらゆるアイデアを尽くす。それを総称して「気を遣う」と呼ぶのだ。

世の中には「偉そうなのに、なぜか慕われている人」がいる。彼らは「状況をコントロールする」ために、ものすごく頭を使っている。その意味で「気遣い」スキルが半端ない。

「タイミングがいいやつ」も一緒だ。空気を読む力とか、相手の表情を見極める力とか、いろんな複雑な要素を組み合わせて、結果として「タイミングがいい」を生み出す、すごいテクニシャン。だから「タイミングがいいやつ」を「タイミングがいいだけのやつ」だと思ってはいけない。

「気を遣う」を、自分を下にして相手を丁寧に扱うことだと勘違いしていると失敗する。へりくだりすぎて相手が心を開いてくれなかった経験はないか？　いっそぼくのように、最後の最後で奇襲のように「で、ぶっちゃけ、どうなんすか」みたいな態度でアプローチしたほうが、良い結果になったりする。

これはぼくの経験則だが、本当に仕事のできる偉い人ほど、自分の意見が１００％正しいと思っていないことが多い。そこに、捨て身で飛び込んで行くのは、意外に得策だ。

ＧＯのインターン生である大学生が、ぼくに面談を申し込んできたとき、事前にＧＯの他の社員から「三浦さんは基本、インターン生を好きじゃないから最初嫌がられると思うけど、奇襲は好きだよ」と聞いていたという。

それでぼくが面談で「今日、履歴書とかあるの？」と聞いたら「いえ、ありません」。なんだこいつ、ふざけんなよと思ったら、彼はすかさず言った。

「その代わり、早稲田大学の退学届を持ってきました。三浦さんがぼくを採用してくれるんだったら、すぐこれを学校に出してきます」

馬鹿だ、こいつ。……と思ったが、かわいいなとも思ってしまった。彼の「気遣い」が状況をコントロールし、ぼくを気持ちよくさせ、「三浦は飛び込みの採用希望が嫌い」という不利な状況を見事にひっくり返した瞬間だった。

なぜヤンキーはビジネスで成功するのか

気遣いの方法は一様ではない。生意気にアプローチしたほうがいい相手もいれば、かわいげを前面に出したほうがいい相手もいる。つまり相手がどんなタイプかの見極めが大事。

その観察眼を養うのは、場数だ。

ただ、緊張感のない現場をどれだけ経験しても意味はない。言ってみれば、「人生で何度、絶対に怒らせてはいけない人に無理なお願いをしたか」。そういう緊張感のある場数のこと。

元不良やヤンキーがたまにビジネスで成功する理由も、ここにあるような気がする。ぼくたちが数学や英語や世界史の勉強をしている間に、彼らはものすごい緊張感のある場で交渉していた。言い方をちょっと間違えれば、タバコの火を押し付けられたり、暴力を振るわれるような日々をすごしてきているのだ。

超怖い先輩から「お前、こないだおれの彼女と歩いてたって聞いたけど、ほんと?」と言われる。必死に考える。少しでも間違えたら恐ろしいことになる。どういう態度で、どういう言葉で、どう切り出したら、切り抜けられるか? 全力で脳をフル回転させる。彼らはこんな修羅場が日常茶飯事だ。

だから不良やヤンキーは「思考の瞬発力」が優秀なことが多い。事前準備なしで突如訪れた危機に対して、今この瞬間に即断即答しなければならない。そんな状況に、彼らは慣れている。

「失敗したら、えらい目に遭う」経験を、10代の若い頃に死ぬほどやっているのが不良やヤンキーだ。たまに、東大生や早慶大生よりヤンキーのほうがビジネスにおいて優秀なことがあるのは、度胸や気合いというより、若い頃、瞬発的かつ最大限に脳をぶん回していたから。

人生で脳をフル回転しなきゃいけない経験は、仮に東大卒であっても、中学・高校・大学の受験と親に監視されている模試を合わせたって、22歳までにいいとこ10回くらい。だけど生き残った不良は、22歳になる頃には（たぶん）100回以上は脳をフル回転させている。社会に出た時点で、彼らはもう既にものすごいトレーニングを積んでいて、新卒大学生のずっと先を行っている。

ちなみに、そんな修羅場の疑似体験を誰もができるのが、恋愛だ。

あなたが不良やヤンキーになれなくても、恋愛は当人にとって修羅場。目の前にいる人に好かれたいという気持ちは、「東大に受かるかどうか」「不良の先輩にタバコの火を押し付けられるかどうか」と同じくらい、生きるか死ぬかなのだから。

恋愛とは緊張感のある場数の連続であり、常に思考の瞬発力を必要とされる。若い頃に本気の恋愛を何度経験したか（そして散ったか）が、後の人間力を決定すると言っても過言ではない。

普通の人間は普段は全力疾走をしない。それをたくさんした人は当然運動神経がいい。同じように、脳を全力疾走させた経験が今までの人生で何回あったかで、「観察眼＝気遣い力＝状況をコントロールする力」が決まる。

だから、企業から独立した途端、急に成長し、成果を出し始めるクリエイターが世の中にはたくさんいる。案が採用されなかったら食いっぱぐれて野垂れ死ぬ。そういう生きるか死ぬかの修羅場を毎日くぐり抜けているから。

三浦崇宏ツイート名言集　5

おれを作ったもの・編

@TAKAHIRO3IURA

村上龍、ライムスター、アントニオ猪木。おれは結局これでできている。

昔、総合格闘技PRIDEのパンフレットに「俺はお前に負けないが、お前も俺に負けるなよ」というコピーというか、ポエムのような言葉があった。これは今でもずっと大切にしている言葉で、この言葉を思い出すとき、具体的にイメージできる仲間が何人かいる。幸せだと思うし、しんどいとき踏ん張りが効く。

昔、長州力が「選手同士が嫌がる試合が、いちばんファンが喜ぶ試合になる」って言ってたんだけど、マーケティングも同じことが言えて、メーカーが嫌がる負担の多い施策が、顧客がいちばん喜ぶ施策になることって多い。考えられうるあらゆるコストやリスクの対応策を考え抜いて、最後は暗闇でジャンプするんだ。

ラップは韻を踏まなきゃいけないってわけじゃない。デブはお代わりしないといけないってわけでもない。アートは美しくなきゃいけないなんて決まりはない。おれたちはおれたちが思ってるよりもはるかに自由だよ。

意味のあることを面白くしゃべるプロという意味ではおれは広義のラッパーと言っても差し支えない。

勝ち負けよりも大事なことがある、っていう当たり前のことがわからない人が多いのは、みんな本当に勝った経験、本当に負けた経験がないからなんだろうな。一回くらい勝っても人生は上がらないし、一回負けてからが人生の始まりだったりするんだ。「少年ジャンプ」かプロレスを見てればわかることなんだけどね。

村上龍は小説を読んで「これなら俺も書けるな」って思って実際に書いてみて作家になった。圧倒的なものに触れたときに「素敵」って憧れて終わるのか。それとも「どうにかなるし、どうにかしよう」と思うかで、人生の可能性は大きく変わるよ。憧れよりも嫉妬や負けまいとする心が人間のエネルギーになる。

文学というか、物語は決して時間潰しのために存在するんじゃない。それは、人間はいつだって変わり得るという希望のために存在するのだ。だからあらゆる物語は主人公が変化する過程を描く。おれも人や企業の変わりたいという希望を信じて、つくり続ける。

仕事は少年漫画だよ。絶体絶命のピンチを知恵と勇気で乗り切る。逆境を覆して仲間とハイタッチする。自分の可能性を信じ抜く。悔しさに歯を食いしばって一発逆転のチャンスを狙う。ぜんぶ現実に起きる。物語と現実を勝手に分けて絶望すんな。仕事は少年ジャンプよりもエンターテイメントな少年漫画だぜ。

意識は高く、腰は低く。

目線はぶらさず、膝はゆるめる。

自分は大声で話せ、他人の小さい声に耳をすませ。

練習は試合のように真剣に、試合は練習のように気楽に。

勝ったら反省しろ、負けたら忘れろ。

苦しい時ほど笑え。

喜ぶのは礼の後。

おれのビジネスマナーはすべて高校の柔道部で教わったな。


今週の #キン肉マン にすべての人々に伝えたい真理が書いてあったので共有しておきますね。

『願い』には“祈り”と“呪い”がある。未来に目を向けて世界を良くするための祈りと、過去に囚われて世界に復讐するための呪い。

誰にだってネガティブな感情はあるけど、それを祈りに変えていきたいよね。


『選手が嫌がる試合が、観客が見たがる試合』っていうのは長州力の名言だけど、起業家やクリエイター、いやすべてのビジネスパーソンにも同じことが言えるよね。自分が作ったコンフォートゾーンを自分で抜け出して、怯えながらチャレンジするんだ。本当の成功は安全圏の向こう側の荒野にしかない。

おわりに

LIFE IS CONTENTS!

世の中の劇的な変化と、それに対するアクションについてぼくが言いたいことは、だいたいこんなところだ。今の時点では、ね。

最後に、少しだけぼくの生い立ちのことを。

そう、人生は最高のコンテンツ。ぼくは自らの人生が最後、思いっきり笑って話せるネタになるように生きている。

小説家は向いていなかった

ぼくは小学生のときは聖歌隊（カトリック系の学校における合唱部）に、中高は柔道部に所属しながら生徒会長も務めた。そんな子どもが、実はずっと小説家になりたいと思っていた。小学生の頃には村上龍の『愛と幻想のファシズム』を読んで衝撃を受けていたくらい。だから部活の傍ら、大学生になるくらいまでは小説や詩を書いていた。

実際、大学は早稲田大学の文学部。でも、執筆というのは実に孤独で辛い作業で、正直、小説を書いていても全然楽しくなかった。一人で原稿用紙と向き合い、自分と向き合って作品が生まれていく執筆の過程に、ぼくはまったく喜びを見出せなかった。

そのとき、気づいた。ぼくは生徒会が運営していた文化祭や柔道部の団体戦のように「チームで何かを達成する」のが好きだということに。「どんなに過程が厳しくても、圧倒的な成果はチームを幸福にする」。ぼくはそれを、身をもって知っていた。学生にしては信じられない、今となっては文字にできないような過酷な練習もしていた。「なんでこんなしんどい思いをしなきゃいけねぇんだよ」。ずっとそう思っていた。でも、それも日本一という成果が出た瞬間にすべてが必要だったと、美しい過去であったと記憶が鮮やかに塗り替えられていくのだ。

だからぼくは大学でイベントサークルを立ち上げ、さまざまなイベントを企画・運営した。学校には毎日行くものの授業にはほとんど出ずに、イベントのチケットを売りさばく毎日。仲間と一緒にイベントを企画するのが楽しくてしょうがなかった。

それより時を少し遡るが、ある忘れられない記憶がある。1996年のアトランタオリンピック、ぼくは12歳だった。その聖火リレーの最後に元世界チャンピオンの伝説的ボクサー、モハメド・アリが聖火を灯したのだが、それを見て「すげえ……」と鳥肌が立った。と同時に、「あ、おれは今、感動させられたんだ」と思い、すごくムカついた。

だって、世の中には「感動させる側」と「感動させられる側」、2種類の人間がいる。

ぼくは絶対に「感動させる側」に回りたかったのに、まんまと感動させられてしまった。

これじゃあダメだと。

だから就職活動では、チームで多くの人に感動を与えられる広告代理店やテレビ局を志望した。

干されて腐りかけた社会人スタート

大学3年のときに博報堂でインターンをやらせてもらったが、はっきり言って余裕で入社できると思っていた。学生ながら大規模なイベントを主催して大学生の中ではかなり有名な存在だった。今思い出すとシンプルに死にたいなって思う。

もっと死にたくなるエピソードがある。博報堂の採用面接のとき、ESに〝意識高い〟ことを書くのが恥ずかしかったため、「特技」欄に「男性と女性がベッドに入ってやること」と書いてしまった。イタすぎる。

人事局長に言われた。「君、ふざけてるの?」。慌てたぼくは「いえ、プライベートでも大事な人を悦《よろこ》ばせるために工夫して……」などと説明したのだが、もう一度聞かれた。

「君、ふざけてるの？」……まぁ落ちた。

その後は電通を受けたのだが、最終面接で「これからやりたいこと」を30秒程度で答える際、「電通を変えるやり方が3つあります！」などと前のめりになり、10分以上プレゼンして落ちた。普通に「頑張ります」で良かったのに……。

結局、博報堂の先輩に声をかけてもらい、面接を受け直すことができて、内定を取れた（なお、テレビ局は4社受けたが全滅）。

しかし、もっと大変だったのは入社後だ。

クリエイティブ部門を希望していたのだが、配属されたのはマーケティング部門。それで配属早々、部長に「こんな地味な部署に、ぼくみたいな注目されている新人が配属されるなんて、サプライズ人事ですね」と言ってしまった。

クリエイティブからは距離のある案件担当で不満は募るばかり。しかも自分はできるやつだと勘違いしていたから、自分の企画やアイデアが否定されると、毎度上司に食ってかかっていた。

あるとき、仕事で遅刻して周囲に大変な迷惑をかけてしまったことがあった。当然、上司にめちゃくちゃ怒られた。ところがぼくは、かなりテンパってたこともあって逆ギレしてしまった。

「ぼくは褒められて伸びるタイプなんで、その教育の仕方だと成長しませんよ」

結果、入社半年でぼくは干された。仕事が一切回ってこなくなったのだ。

会社に行ってもやることがない。それでぼくは大学時代の友人のスタートアップを手伝ったり、博報堂のすぐ近くにあるTBSラジオのプロデューサーをいきなり訪ねて、放送作家の見習いみたいな仕事をやったりしていた。

それでもヒマすぎたので漫画喫茶に行き、はじめて『SLAM DUNK』をちゃんと通しで全巻読んだ。そして、皆さんご存じ、例の名シーンに感化されたのだ。

そう、三井寿《ひさし》と安西先生のくだり。

中学時代に名プレイヤーだった三井だが、高校に入学してすぐの紅白戦で膝を負傷して腐ってしまい、不良と化してバスケ部とトラブルに。しかしバスケをやりたいという想いは消えていなかった。顧問の安西先生に泣き崩れながら言う三井。

「安西先生…!! ……………… バスケがしたいです……」

それに完全に感化されたぼくは、会社に戻り、土下座しながら半泣きで上司に訴えた。

「仕事がしたいです……」

その上司は本当に素晴らしい人で、バカをやらかしたぼくを見捨てず、また仕事を振ってくれるようになった。聞けば、「三浦はどうせ何言っても変わらないから、とりあえず好きなことをやらせとこう。傷ついたり失敗したりしたら戻ってくるから、それまで泳がせておこう」と考えてくれていたとのこと。彼とは今でもたまにご飯に行ったり、相談したりしている。

ぼくが今でも心に残っている彼の言葉がある。

ぼくが土下座したあと「生まれ変わります！」と言ったら、彼は即座に「その必要はない」と言い、こう続けた。

「お前のその自分を信じる力や独特なセンスや、いびつだけど尖ったところに、謙虚さや最低限のモラルを足していけばいいんだ」

この本では散々、「時代の変化に応じて、自分も変化すること」の必要性を説いてきたが、「変化」とはまさにこういうことだ。過去の奮闘した自分を認め、肯定しながら、未来に向けて、自分に新しい気づきや視点を足していく。ちょっとずつ大きな自分になっていく。

やっぱり、人生は最高のコンテンツだ。

つくり続ける者、書き続ける者、歌い続ける者、抗い続ける者、眠気と闘い続ける者、息切れしながら筋肉痛になりながら走り続ける者、暗闇の中ジャンプし続ける者、前進し続ける者に、幸あれ!!

あとがきにかえて

もう、とっくに気づいているよな。この本はあなたのために書かれた。変化の速度がかつてないほどに急激化している今、悩んだり、迷ったり、立ち尽くしてしまっているあなたのために。ぼくだってこの航海の先に何が待っているかはわからない。それでも、誰かが作った海図を頼りに生きるよりも、手探りで進んだ自分の足跡がいつか誰かの行く先を照らす可能性がある。そんな時代に生きていることを思いっきり楽しみたい。

ただ、あまりにもこの世界というフィールドは広くて、不安になることもある。ちょっと考えるだけで身震いする。だけど、あなたも、ぼくも「千里の道も一歩から」という絶望的に本当のことを普通に言っているだけのことわざを胸に刻んで、一歩ずつ前に進んでいくしかない。

どれだけプレゼンしたって、どれだけ打ち合わせをして、どれだけ企画して、どれだけ生み出したって、この世に無いものは無限にある。

何ひとつ、足を止める理由はない。あなたに言っているのと同じくらい自分に言い聞かせている。

＊＊いいから行けよ!!＊＊

GOの仲間たち、編集の皆様。頼りない経営者、未熟なクリエイター、不器用な人間であるぼくに、世の中に何か言うチャンスをくださって、本当にありがとうございます。

おれたちはファミリーだ。

2020年3月3日、代官山の蔦屋書店にて。

本書は、三浦崇宏のブログ「人生はPRじゃねえんだよ!!」、
ツイッター(@TAKAHIRO3IURA)、そして新R25、ORICON NEWS、
BUSINESS INSIDER、文春オンライン等のインタビューでの
発言をベースに再構成し、加筆修正したものです。

［著者］
三浦崇宏（みうら・たかひろ）
The Breakthrough Company GO代表取締役　PR/CreativeDirector
博報堂・TBWA＼HAKUHODOを経て2017年独立。社会のあらゆる変化と挑戦にコミットすることをミッションにGOを設立。
日本ＰＲ大賞・CampaignASIA Young Achiever of the Year・ADfest・フジサンケイグループ広告大賞・グッドデザイン賞・カンヌライオンズクリエイティビティフェスティバル・ACC賞クリエイティブ イノベーション部門グランプリ/総務大臣賞など受賞。
現在はクリエイティブの力で企業の新規事業開発やスタートアップのブランディング、政策支援活動に領域を拡大。
「表現を作るのではなく、現象を創るのが仕事」が信条。
2020年1月22日に初の著書『言語化力――言葉にできれば人生は変わる』を刊行、発売前にアマゾンビジネス書ランキングで1位に。

人脈なんてクソだ。
変化の時代の生存戦略

2020年4月1日　第1刷発行

著　者――三浦崇宏
発行所――ダイヤモンド社
〒150-8409　東京都渋谷区神宮前6-12-17
http://www.diamond.co.jp/
電話／03･5778･7227(編集)　03･5778･7240(販売)
構成――――稲田豊史
イラスト――かっぴー
装丁･本文デザイン―小口翔平(tobufune)
DTP・図版作成―スタンドオフ
校正――――鷗来堂
製作進行――ダイヤモンド・グラフィック社
印刷――――信毎書籍印刷(本文)・新藤慶昌堂(カバー)
製本――――ブックアート
編集担当――亀井史夫

ISBN 978-4-478-10930-4